魂にふれる

大震災と、生きている死者

増補新版

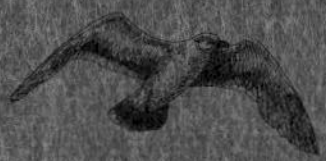

若松英輔

亜紀書房

魂にふれる

大震災と、生きている死者

〔増補新版〕

彼岸まで

彼岸という
言葉のように
人は　亡き者の
姿を探して
彼方へと向かう

だが　彼方は
遠くでは
ないのかも
しれない

人は　亡き者と
巡り会おうと
彼方を求める

だが　彼方とは
人の心の
別の呼び名かも
知れない

亡き者たちは
生者が
気が付かない姿で
いつも傍らに
いるのかもしれない

目次

2　死者と生きる　57

1

悲しみの彼方

悲しむ生者と寄り添う死者

九月十一日、震災から半年が経過し、テレビのニュース番組はどこも被災地の光景を伝えていた。ある番組の冒頭である。初老の男性が、海に向かって佇《たたず》み、手を合わせ、祈っている。場所は、津波が襲った地域だろう。カメラが近づくと彼は、絶句して、こう言った。「今日は、悲しい」。「今日も悲しい」ではなく、彼は確かに「今日は、悲しい」と洩らすように語った。

喪《うしな》ったのが、家族、知人、あるいは同僚か誰かは分からない。だが、文字通り苦楽を共にした人物には違いあるまい。眼に涙をためた姿を映して、番組は通常の進行に戻っていった。

あの日、同様の光景はいたるところで見られただろう。だが、人はなぜ、親しい人を呑み込み、異界へと引き去った海へと向かうのか。亡き人を懐かしむために、赴いたのだろうか。「今日は、悲しい」と言った彼は、昨日や明日は、悲しくないのだろうか。

彼は祈る。魂よやすらかなれ、と祈る。だが、それだけなら、彼はわざわざ海に来る必要はない。祈るとは、願い事を言葉にのせ、存在の彼方に解き放つことだけではないだろう。むしろ、沈黙のうちに、何者かの声を聞くことである。あの男性に語りかけたのは、死者である。彼は、人と待ち合わせるかのように、時計を見ながら海へと赴いたのではなかったか。

愛する者を喪った人間に、懐古の情は生まれない。死者は懐かしむべき過去の対象ではないからである。真に死者を思うとき、経験するのは、時間であるよりも「時」ではないだろうか。時間は流れるが、「時」は過ぎゆかない。死者はいつも、生者を「永遠の今」へと導く。

二〇一一年三月十一日の後、各界の専門家が自発的に、あるいは求められて事態に積極的に関与した。熟練した運転手は物資を運び、医師はいち早く現地に入って負傷者を癒し、心理学者は、今も被災地で心を傷めた人々の声を聞いている。農家は作物を育て、公務員は住民の福祉の実現のために働いている。放射能の専門家は、厚生労働委員会で国の怠慢を糾弾した。歌手は歌い、画家は絵を描く。文学者もまた、言葉を発するほかになすべきことはない。たとえ、その言葉が非力であり、望むところに届かないように思われたとしても、である。

そこで言葉にすることを中止するのは、かなわぬ願いだと祈ることをやめるのに似ている。隣人の無事を祈るとき、私たちは、そのような理由で祈る手を下げることはあるまい。状況は今も同じである。哲学者の池田晶子は、こう言った。「死の床にある人、絶望の底にある人を救うことができるのは、医療ではなくて言葉である。宗教でもなくて、言葉である」（『あたりまえなことばかり』）。

ここで池田が言う「言葉」は、必ずしも言語とは限らない。それは、ときに色であり、音であり、光でもあるだろう。それは人間に意味を告げ知らせる働きであり、また、人間に存在の根源を開示する導きとなる実在である。

池田晶子も敬愛した哲学者井筒俊彦は、そうした存在の深みにある「言葉」を「コトバ」と書いて、言語としての言葉とは異なる存在の位相があることを明示した。池田にとって、「言葉」（あるいは「コトバ」）は、自己を表現する道具ではない。むしろ彼女は、自己が「言葉」の道具になることを願った。「言葉」は、時代の要求に従って、自ずと語り始めると信じたからである。

死を経験した人はいない。しかし、文学、哲学、あるいは宗教が死を語る。一方、死者を知る者は無数にいるだろう。人は、語らずとも内心で死者と言葉を交わした経験を持つ。だが、死者を語る者は少なく、宗教者ですら事情は大きくは変わらない。

死者を感じる人がいても、それを受けとめる者がいなければ、人はいつの間にか、自分の経験を疑い始める。ここでの「死者」とは、生者の記憶の中に生きる残像ではない。私たちの五感に感じる世界の彼方に実在する者、「生ける死者」である。

魂は不死であると信じられていた時代、人は魂にふれ得ると信じていた。また人々にとって、魂を語ることは、すなわち死者にふれることだった。

古代、歌を詠むとは、言葉によって魂を「振る」、即ち魂を動かし、ふれる営みである。風が木の葉を「振る」ごとく、言葉は、魂にふれることができると信じられていた。そこに比喩を読みとってはならない。「魂振《たまふ》り」とは、そうした言葉の秘義を示す表現である。

万葉の時代、恋を歌う相聞歌《そうもんか》は、死者への挽歌から生まれた、そう言ったのは白川静である。挽歌の底を流れるのは、言葉にならない呻《うめ》きである。恋愛は、恋の一部に過ぎない。恋するとは、好意を超えて、全身を賭して相手を思う営みだった。「今日は、悲しい」、同じ言葉を、私たちは万葉集に見なかっただろうか。以下に引くのは、防人《さきもり》遠江国《とおとうみのくに》丈部《はせつかべの》真麻呂《ままろ》の歌である。

時時の花は咲けどもなにすれそ母とふ花の咲き出来《でこ》ずけむ

季節がめぐれば、その折々の花は咲く、しかし、「母」という花はなぜ、咲かないのだろうか。これは、母を失った男の歌ではない。男は母を感じている。だが、母を眼に見ることができず、手にふれ得ないことを悲しんでいる。死者が接近するとき、私たちの魂は悲しみにふるえる。悲しみは、死者が訪れる合図である。それは悲哀の経験だが、私たちに寄り添う死者の実在を知る、慰めの経験でもある。

既に空が青くそこに在り、また、そうとして知っていたならば、再びそれを自身につぶやく必要はない。それではそのつぶやきは、一体誰に向けられたものなのか。私が私につぶやくのではない。私がつぶやきによぎられるのだ。つぶやきは「絶対」の自己確認であり、無私の私がその場所となる。

池田晶子の初めての本にある一節である。無私の私になったとき、私たちは悲しみと共に死者と出会う。男性が「今日は、悲しい」と言ったのは、テレビカメラに向かってではない。彼がそうつぶやいたのは、死者を傍らに感じていたからである。

（『事象そのものへ！』）

悲愛の扉を開く

二〇一一年の三月十一日、君は大切な人を亡くした。その前年二月七日、ぼくも妻を喪った。

君は、悲しみに深さがあることを知っているだろう。闇に呑み込まれそうに思えて、部屋の明かりをつけたままでなくては眠れないことだってあったと思う。今でも、ぼくは、起きると部屋の電気がつけっぱなしになっていることがある。

悲しみは容易に癒えない。でも、ぼくは、彼女を喪ってはじめて、人を本当に愛することを知った。ぼくは、かつてよりも、ずっと人を愛おしく思う。

君の心はきっと、寂しさと悲しみが違うことを知っている。寂しさは、失われた何かを取り戻そうとするときに湧き上がる。悲しみは、新しい何かを生み出そうとして、ぼくらの住む世界の彼方から訪れる。

悲しいと感じるそのとき、君は近くに、亡き愛する人を感じたことはないだろうか。ぼくらが悲しいのは、その人がいなくなったことよりも、むしろ、近くにいるからだ、そう思ったことはないだろうか。

もちろん、姿は見えず、声は聞こえない。手を伸ばしてもふれることはできない。ぼくらは、その存在を感じるのに、ふれることもできず、その声を聞くこともできない、そのことが悲しいのではないだろうか。でも、ぼくらは、ただ悲しいだけじゃないことも知っている。心の内に言葉が湧きあがり、知らず知らず、声にならない会話を交わし、その人を、ふれられるほど、すぐそこに感じたことはないだろうか。

ぼくは、ある。

人は死なない、むしろ死ぬことができない、そう言ったら、君は驚くだろうか。この世界には、死を経験した人間は一人もいない。死が消滅であるなら、ぼくらが経験しているのは、まったく違うことではないだろうか。ぼくらは、亡くなった人を永遠に失ったから悲しいのではなくて、その人々が永遠の世界から、ぼくらが暮らす、この世界に近づいてくるから、悲しいと感じられるのではないだろうか。

八木重吉という詩人がいる。ぼくがこの詩人を知ったのは、十九歳のときだ。彼の作品の一つをいっしょに読んでみたい。この詩は、ぼくが苦難にあるとき、生まれ変わるかのように何度も新しい意味を帯びて、ぼくの前に現われる。詩は「素朴な琴」と題されている。

この明るさのなかへ
ひとつの素朴な琴をおけば
秋の美くしさに耐へかね
琴はしづかに鳴りいだすだらう

死者たちが訪れるとき、君の琴も静かに鳴りいだしたのではないだろうか。人は誰でも、内なる琴の音の美しさに耐えかねて、悲しみを覚えるのではないだろうか。美しい悲しみ、そう言わなくてはならない経験は、今も君にあるだろう。きっと君は、それを大事にして、肌身離さず生きているのだろう。

どんなに深く、また切実な経験でも、他の人に言えば、真剣に受け止めてもらえない、そう感じるから、君はだまっているのかもしれない。ぼくもそうだった。でも、ためらいの期間にあっても、亡くなった人の存在は、日を追うごとにはっきりと認識されてくる。ぼくらが経験しているのは、死者だ。それは失われた人ではない。肉体が消えた後も、魂として存在する「生ける死者」だ。

死の経験者は皆無でも、死者は、万人の内に共に生きている。死者の姿は見えない。見えないものに出会うことを望むなら、見えないものを大切にしなくてはならない。

それは、死者と君の関係においてだけでなく、君と君の愛する人のためにも、とても大切なことなんだ。目に見えず、耳に聞こえず、手にふれることのできないもの、さらに語り得ないものであっても、存在していて、それが人と人を結びつけていることを、いつも覚えていてほしい。

見えないことと存在しないことは、まったく違う。空が曇っていて、太陽がよく見えないからといって、ぼくらは、太陽が消えたとは言わない。よく見えないだけで、太陽は雲の向こうで、いつもと変わらず輝いている。死者も同じだ。ぼくらがその姿を見失うことがあっても、彼らは、ぼくらに向かって光を放ち続けている。

闇は、光が失われた状態ではない。それは、むしろぼくらに、世に光があることをいっそう強く、はっきりと教えている。闇とは一点に向けた光の凝縮である、と井筒俊彦は言った。君は闇を知った。だから、君は今、本当に光と出会ったとも言える。ぼくらはしばしば、あるものを見失ったとき、はじめて、それがもっていた存在の重みを知る。光のなかにだけあった頃、ぼくらはその恩恵を全身に浴びながら、その真実の意味を理解していなかった。

光を感じることができるなら、光のなかを歩こう。でも、目の前に広がるのが闇であったとしても、ぼくらは歩かなくてはならない。君が誰かを必要としているように、君を必要としている人が必ずいて、君が来るのを待っている。君がそれを、今感じることができないとしても、待っている人は必ずいる。

焦る必要はどこにもない。歩きながら、何度転んでもいい。転ぶことは恥ずかしくない。でも、立ち上がることをばかばかしいと思ってはならない。

歩くのがつらく感じられるなら、すこし佇んでみるといい。君は傍らに見えない存在を感じるだろう。つらく、耐えきれないそのとき、その苦しみを共に背負ってくれるのは、君が感じているとおり、今も愛するその人だ。

君は、池田晶子という哲学者を知っているだろうか。彼女は二〇〇七年に亡くなった。ぼくは、この人にずいぶんと助けられた。そうは言っても実際に会ったことはない。でも、何度も「会った」ように感じられることがある。彼女が、こんなことを書いている。

以下の文章中に出てくる「存在論」は、生と死をめぐる存在の神秘、すなわち、あの日以来、君が毎日感じている心の風景だ。

「存在論」は知識ではない。哀しみであり神秘である内なる「無限」を魂深く感受したとき、それは誰の意識にも、懐しく知られているあの生活感情として甦る。たとえば私たちは言ってきたではないか。「あの人は死んだけれども、私のこころのなかで、いつまでも生きている」と。素直に、あるいは、最後に手に入れた結晶のような想いとして。そして、既にない人に向けて、ことばを紡ぎ続けるではないか。

（『事象そのものへ！』）

やりきれなくて、悲しくて、独り、死者に呼びかける、どうすることもできなくて、呻く人の思いは、「結晶のような想いとして」、この世界に現われる。

君にも「最後に手に入れた結晶のような想い」があるだろう。それは、人間が生涯をかけて探し求めるに値する、とても大切なものなんだ。安心していい。その美しい結晶は、もう二度と消えることはない。消え去るものは、時間の世界に生きている。朽ちないものは、永遠の次元に誕生する。

君の嘆きは、死者の世界では、透明な結晶となって、雪のように降り積もる。それを大切に拾うのは、亡くなった、君が愛するその人だ。ぼくには、世界に一つしかない貴重な石を大切にするように、その人が結晶を慈しむのが、はっきりと見える。

深く悲しむ君は、深く人を愛することができる人だ。なぜなら、君は愛されているからだ。君が悲しむのは、君が想う人を愛した証拠だけれど、君もまた、愛されていることの証しでもある。悲しみとは、死者の愛を呼ぶもう一つの名前だ。

悲しみはいつか、かならず愛に変じる。君のなかに生まれた愛は、悲しみに支えられているから「悲愛」と呼ぼう。君が経験しなくてはならなかった一つ一つの悲しみ、嘆き、絶望も、それは、君が自分と自分の大切な人にささげる悲愛の種子になる。

悲愛は、植物のように、ぼくらのなかで育っていく。種から芽を出し、茎をのばし、葉を茂らせ、いずれは樹木となって、果実を実らせ、たくさんの人を幸せにする。君の心は、小さな若芽を出した種でいっぱいじゃないか。ぼくには、それがはっきりと分かる。

もしかしたら、君にはまだ、種が見えていないかもしれない。でも、君の許《もと》にはきっとたくさんの人が集まってくる。君はたくさんの傷を負い、それに耐えたからだ。君が、自分の中に何を授かったかを知るのは、人が君の枝から果実を採って、笑顔でそれをほおばる姿を見たときかもしれない。

震災の日から、急に世の中は暗くなった。でもしばらくしてぼくは、この国はこれからも、いくつもの困難を乗り越えて行かなくてはならないけれども、きっと良い国になる、そう思った。なぜなら、君たちのような心に痛みを感じたことのある人々が、未来を作っていくことに気がついたからだ。ぼくは、君たちに見た光を忘れない。その光は、今もぼくを照らしている。ありがとう。だから君は、そう言われたことを忘れないでいてほしい。

夜にひとり、部屋で悲しみに暮れて涙するとき、君は、自分を孤独だと思うかもしれない。誰も自分を分かってくれない、そう感じるかもしれない。でも、そのとき君は世界とつながっている。世に苦しみのない人はいないからだ。

苦痛は、見えない世界で、ぼくらと他者を結び付けている。君が苦しんだ分、君の愛は深まっている。苦難がぼくらを連れて行く存在の深みは、歓喜のそれよりも深い。人生の深みで生きる、それは幸福に生きることと同じことだ。

ぼくらは、苦しくなると胸が痛む。大切な人と言葉を交わすとき、ぼくらが応じているのは胸によってだ。あの人は、ぼくに胸を開いてくれた、そう感じたことはないだろうか。

ここでいう「胸」は、単なるからだの一部でない。「胸を打つ」という表現があるように、感動は胸に来る。大切な人と手をつなぐとき、ある強い感情が君を襲う。君はそれを胸で感じる。胸はそうした場所だ。

亡くなった人は、いつもぼくらに向かって胸を開いている。君が愛する死者は、ぼくらの胸に語りかけてくる。肉体が滅びても、決して消えない胸があることを、ぼくらに伝えようとしている。

「胸」は、魂の呼び名だ。魂とは、ぼくらのすべての感覚を司る、ぼくがぼくであることの根源、君が君であることそれ自体だ。

魂は見えない。でも、感じることはできる。君が悲しいと思うとき、君は全身で魂を感じている。苦しくて、どうしようもなくて、ただ苦しみに身を投げ出しているとき、君は魂を生きている。悲しみも苦しみも、すべて魂の営みだからだ。

もちろん、喜びも幸福もそう。ぼくらは皆、魂で世界とふれ合っている。それは、ぼくらが、世界と他者に最初に接触する場所だ。魂は肉体を包み込み、守っている。

生きていると、これからも必ず困難に遭遇する。そこから逃げることを教える人ではなく、君にそれを乗り切る力があることを教えてくれる人を、大切にしよう。君にとって大切な人は、君の望みをかなえてくれる人であるよりも、君の困難を共に生きてくれる人だ。

その人は、君の希望にすぐに応じることはないかもしれない。君は、期待する言葉を受け取ることができなくて、失望するかもしれない。でも、その人は、決して君から離れることはない。望むものは、君が望むかたちで現われるとは限らない。むしろ、そうではないことの方が多い。悲愛に満ちた言葉は、ときに厳しく、険しい道へとぼくらを導く。そこを通らなければつかみとることができない何かがあるからだ。

この本の後の章では、亡くなった人々の存在をはっきりと感じ、そうした死者たちと新しい関係を築いていった人々の経験が紹介されている。そこには、哲学者や詩人、批評家、民俗学者、精神科医の肉声がある。また、ハンセン病を患い、療養所で生涯を終えた人もいる。ここに登場する人は誰ひとり、聞き書きや調べものによって死者を語ってはいない。みんな、自分が大切にしている経験を礎《いしずえ》に、言葉を紡いでいる。そのなかに一つでも、君と死者の関係に呼応する言葉があることを願っている。

君にお願いがある。もし、そうした言葉が見つかったら、今度は君が、君の仲間の言葉を信じてあげてほしい。自分で感じたことを、本当に受け入れて信じてくれる人がいるとき、その出来事は、生涯を通じて生きた経験になる。

信じることは、理解することとは違う。理解できなくても信じることはできる。信じることは、生きることと同義だ。

愛について語る人になるより、愛を生きる人になる方が素晴らしい。死者との関係も同じ。ぼくらに課されているのは、死者について語ることではなく、死者と生きることだ。

君は、死者と生きるだけでなく、震災それ自体をも語り継いでいかなくてはならない。君が見たこと、感じていることは、君が生きることによって真実になる。その生を他者と分かち合うこと、それがぼくらに委ねられた責務だ。それを語るとき、君と死者との関係がそうであるように、永遠の次元の出来事としても語ってほしい。

十九世紀のオーストリアに生まれ、詩人であり小説家でもあったライナー・マリア・リルケという文学者がいる。彼が晩年に書いた詩『オルフォイスへのソネット』に、こんな一節がある。

記念の石は建てるな。ただ年毎に
薔薇を彼のために咲かせるがよい。

（田口義弘訳）

記念碑を建てると、人は、いつかそこに刻まれた言葉を忘れてしまう。でも、花を植える者は、起こったことを決して忘れない。花が、ぼくらにその出来事を語りかけてくるからだ。花、それは死者の魂だ。君も、「花」と対話することができるはずだ。もうひとつ、ある人がぼくに教えてくれたリルケの手紙の一節を、そのまま君に送りたい。

死者は自分の始めていたさまざまのことを、自分のあとに生き残った人々に、もしこの人々がいくらかでも内面的に結ばれ合っていたとしたら、続けてやりとげてくれる課題としてゆだねるのではないでしょうか。

（「エリザベート・シェンク男爵夫人への手紙」高安国世訳）

ぼくらの課題、それは生きることだ。そして、他者と悲愛によって結ばれることだ。それには、ときに困難が付きまとう。そのときは、祈ろう。祈りとは、願うことではない。むしろ、願うことを止めて、沈黙の言葉を聞くことだ。

死者たちは、「課題」を残していなくなるのではない。死者は、「課題」のなかで、君たちと共に生きる、ひそやかな同伴者になる。

死者と生きるとは、死者の思い出に閉じこもることではない。今を、生きることだ。今を生き抜いて、新しい歴史を刻むことだ。

これからも死者は、悲愛の扉を開け、訪れる。君が、君自身の生を生きることを促すために、大きくその扉を開け放つ。耳を澄まそう、扉が開く音が聞こえるだろう。

協同する不可視な隣人——大震災と「生ける死者」

今までもそうだったように、これからも死は論じられ続けるだろう。死を経験した者は、ひとりもいないにもかかわらず、である。臨死は死ではない。死が彼岸に渡ることだとすれば、臨死の体験者は岸に上がらずに帰ってきた者である。それがいかに特異な経験であっても、体験されたのは、死ではない。

死を口にするとき、私たちは死を経験したことがあるように錯覚するが、実は他者の死を知るのみであることを忘れがちだ。死を経験したのは、死者のみである。だから、死者がいないなら、死を経験した者は存在しないことになる。私たち生者は、自らの経験として死を語ることができない。だが、死者の経験はどうだろう。

人は皆、いつか死ななくてはならない、この事実は、終わりなき悲しみの源泉となっているように見える。これを書いている今、東日本大震災から、すでに五カ月が経過している。今日も各界で問題提起や論議が活発に続いているが、被災者の苦しみの奥深くに横たわる、ある視座が見過ごされている。死者をめぐる問題、死者論である。

死者をめぐる論議など無意味だ、現在苦しんでいる人々に、具体的にどう手を差し伸べるかが問題である、とする意見があることは理解できる。しかし、鎮魂の祈りを捧げる人間の傍らで、その言葉を発することができるだろうか。そうした言葉を口にするのがためらわれるのは、社会儀礼以上の何かによってではないだろうか。

鎮魂という言葉がそもそも、肉体の死のあとにも、「魂」が存在することを告げている。「鎮める」あるいは「鎮まる」ものを一個の比喩だとみなすのは、心理学が登場した近代の考え方であって、それ以前の人間にとって「魂」は、物質と同じく、確固たる実在だった。現代に、「魂」を感じる力は失われてしまったのだろうか。鎮魂に意味を認める私たちは、どこかに「死者」の存在を感じているのではないだろうか。

死者を見出そうと願うなら、「死」に目を奪われてはならない。それは病に近づきすぎて、病者を見失うのに似ている。病気は存在しない。いるのは病に苦しむ人間だけである。労苦があるのではなく、それを背負う人間がいるだけであるように、死ではなく、死者が存在しているのではないだろうか。先にふれたように、何が「死」であるかを、私たちは知らないのである。

死者への論究なくして、東日本大震災の問題は終わるどころか、始まらない。親族、隣人、家財を失い、厳しい生活を強いられている人々だけでなく、死者たちもまた、被災者である。遺体が発見される、されないにかかわらず、死者を「生ける死者」として対峙《たいじ》させることが、今、求められている。被災した生者たちの苦しみは、自身の将来への不安ばかりでなく、今も共にあると感じている死者が、見捨てられていることにあるように思われる。死と死者は異なる。「死」は肉体の終わりを意味するが、「死者」は、すでに亡き存在ではない。死の彼方に新生する者である。それは、存在する世界を生者と異にしながら、生者に寄り添う不可視な「隣人」を意味している。

「隣人」を置き去りにし、自分たちだけが身の安全を求めることに困難を感じるのは、むしろ当然である。被災した人々が、かつての土地を離れるには、死者たちの同伴が実感されなくてはならない。人々が「がれき」と呼ぶ、堆《うずたか》く積まれた物体は、被災者にとっては「遺物」である。それは外見上、一個の物体に過ぎないが、人に持たれることによって、異界への扉に変じる。しかしそれらは、来たるべき生活のために

「棄てられ」なくてはならない状況にある。

遺体、遺骨、あるいは遺品が死者そのものでないことを、遺族は感じている。だが、それは死者との交わりにおける起点であることも、同時に感じられている。死者の棲家《すみか》ではない墓石を、私たちが大切に思うのは、そこが生者と死者が正式に会う待ち合わせ場所だからである。その地点は、次の約束がしっかりと交わされるまで、失われてはならない。

死を論じることに忙しかった近代は、死者論を封じてきたように思える。死は実存的な経験の極北であり、その彼方に死者を論じることは、科学性を欠いた観念の遊びに過ぎないというのだろうか。しかし、少数だが例外的な人物もいた。彼らは、私たちがふれているのは死ではなく、肉体の終わりであって、人生の終わりではなく、新生であり、亡霊ではなく、死者であると言う。上原専祿《せんろく》は例外の典型である。

二十年以上前に、阿部謹也の著書『自分のなかに歴史をよむ』（ちくま文庫）を読んだのが、上原専祿の名前を知るきっかけだった。その第一章「私にとってのヨーロッパ」は、阿部による上原の回想でもあるのだが、師上原専祿の精神を端的に伝える一文でもある。

阿部は上原の弟子である。上原は、ドイツ中世を中心とするヨーロッパ史研究の泰斗であり、独自の史観をもつ歴史家でもあった。民主化運動あるいは平和運動における理論家であり、実践的発言者としても言論界で活躍した。阿部もまた、同じくヨーロッパ中世史研究に大きな業績を遺し、歴史哲学者としての内的風貌を備えた人物だった。彼も師と同じく、後に一橋大学の学長を務めた。

阿部は、自らの学問への態度を決定した出来事として、上原のある発言に言及している。大学のゼミナールで学生が報告すると上原は、「それでいったい何が解ったことになるのですか」と、しばしば問い返したという。また「解るということはそれによって自分が変わるということでしょう」と言ったこともあった。ここで、「解る」の対義語であるのは、「知る」である。単に知ることは、座った人間を立ちあがらせることはできないが、「解った」者は、むしろ座ったままでいることはできない。「解る」とは、精神の変貌を経験することである。その境域に至るまでは、「解った」としてはならない。この人生への姿勢は、学者上原專祿の根本問題につながる道筋を示している。

歴史研究者としての業績とは別に、独自の哲学を有する思想家上原專祿を考えるとき、『死者・生者　日蓮認識への発想と視点』（未來社、のち『上原專祿著作集』16、評論社）を見過ごすことはできない。晩年に書かれたこの著作は、題名のとおり独創的な日蓮論だが、近代日本には稀有な、血肉の通った死者論でもある。古くから上原を知る者は、この著作に少なからず驚いただろう。その決定的な契機となったのは、妻利子《としこ》の死だった。

上原が日蓮を知ったのは、中学生のときに養父の家に移ってからである。このときすでに、時空を超え、若き上原に、日蓮の霊性の炎は飛び火しているのだが、その形而上的意味にはっきりと気がつくのは後年である。一九六五年、妻が亡くなる四年前に行なわれた講演「日蓮とその時代」に始まる研究は、その集大成となるはずだった。最後の著作となった、彼の精神的自叙伝でもある『クレタの壺』(『上原專祿著作集』17)で、上原はその意図にふれ、こう書いている。

日蓮の全存在と全問題意識を起動軸として、世界史像造形の方法」をとり、「世界史の全構造と全動態のうちに日蓮の存在と問題意識を定位させ、意味づけることをねらった。

十三世紀は、世界が大陸単位で変動した何度かある時代のひとつである。上原は南宋の詩人陸游《りくゆう》をはじめ、モンゴル帝国のヨーロッパ征服、あるいはカトリック教会における霊性の改革者アッシジのフランシスコまでを射程に入れ、ここに精神運動としての「日蓮」を位置付けようとした。完成していれば、おそらく歴史家上原專祿の主著になっただろう。「研究ノート」が著作集の最終巻として刊行予定に挙げられているが、残念ながら、今日に至っても未刊で全貌を知ることができない。

だが、『死者・生者』における日蓮は、「日蓮とその時代」とは様相が違う。それまでの上原にとって日蓮は、優れた、現実世界での精神的革命者ではあるが、しかし超越界と現象界のあいだに立ち、此岸と彼岸をつなぐ媒介者ではなかった。私たちが暮らす現象界は、存在世界の一部に過ぎない。仮に現象界の彼方を実在界と呼ぶことにする。そこは死者の国でもある。あるいは、菩薩の国である。『死者・生者』における日蓮は、二つの世界を往復する、時間の束縛を受けない導者である。また、歴史を読むとは、現象界と実在界の交差する現場に立ち会うことであり、生者と死者の協同を目撃することだ、と上原は言う。死者を忘れた論考は、表層を追いかけているに過ぎないと、かつての自己を含め、今日の歴史認識を根本から批判する。この著作の最初の頁を開くとまず、上原が記した献辞が飛び込んでくる。

われらと共存し共生し共闘する
妙利子の霊前にこの書を捧げる

この、文字数も整えられた二行は、このままのかたちで、上原の心の底深くから湧き上がってきたのだろう。この言葉は、単に理解されることだけでなく、肉眼の奥にある「眼」によって「読まれる」ことを望んでいる。読者は、「共存し共生し共闘する」と記された言葉が、一切の比喩を排した、愚直なまでに直接的な表現であることに気づかされる。彼は、妻の臨在をはっきりと感じている。そればかりか、妻の「肉体はなくなったということは確か」だが、「すっかりなくなったとは思えない」、日常生活の中で、自分や子供を通じて、「妻は、自分の意思みたいなもの、あるいは思考のようなものをフッと出してくる」と上原は述べ、死者の現実世界への介入があることを疑わない。さらに彼は、妻との死別体験を次のように記している。

家内の死において私が感じましたのは、「死」というものよりは、むしろ「死者」ということであった、と思います。つまり、避けることのできない運命的なものとして、そこに立ち現われてくる死という事態そのものではなくて、生きてきた人間が死んだ存在へと転化していったその事実をどう見るのか、というのが私の感じた問題でした。つまり、生者であった者が死者になっていったその事実を、まだ生きている者がどう受けとめるのか、というのが私の感じたその問題なのでございます。

（『死者・生者』「三　誓願論」）

発せられた言葉は、そのままに受け取らなくてはならない。死者を論じる上原をどう評価するかは、そのあとである。上原が論じる「死者」は、いわゆる「亡霊」やそれに類するものではない。現代において「亡霊」という言葉は、すでに「霊」の実相からは遊離した、ある心理的現象を表わしているに過ぎない。「亡霊」は、リルケの『マルテの手記』に登場する異界からの客人とは違う。「亡霊」は、それを恐れる者に現われる。リルケが「見る」のは、死者の顕現である。彼はそれに畏れを抱くが、恐れない。「亡霊」は実体がないが、「死者」は生者と同じく、むしろ生者よりも確固とした実在である。

死者と生者との「共存・共生・共闘の理念に私が行き着いたのは、歴史と社会との凝視を通してではない。その理念に私が近づき始めたのは、身辺の生活的現実としての妻の死という私的体験を介してであった」と書いているとおり、上原が死者論を展開したのは、一九六九年に妻利子が亡くなって以降である。上原が七十六歳で亡くなるのは一九七五年、『死者・生者』の刊行は一九七三年である。彼が稀有なる思想家の顔を明示したのは、最晩年だったといってよい。

もし、彼の死者論が、「歴史と社会との凝視を通して」得られた帰結だったとしたら、三十年以上を経てその意味が問われることはなかったかもしれない。上原の死者論にみなぎる強靱さと真実性は、それが徹頭徹尾、個人的な「事件」に由来しているところにある。それは「私的体験」だからこそ、学問的世界とは別な、一切の妥協と偽りのない出来事だったのである。

回向《えこう》は仏教の言葉で、一般的には亡くなった人を弔う法要を意味するが、上原にとっての「回向」は位相が異なる。「回向」は、上原専祿の哲学を読み解く鍵語である。この一語に彼は、全生涯の悲願と祈願を籠めた、といっても過言ではない。それは「死者の思いが生き残った人間に伝わり、生きている人間の思いが死者に通じるほとんど唯一の通路」である、と上原は言う。

敗戦後四分の一世紀におよぶ私のささやかな闘争は、妻利子の被殺に具象化されているように、完敗に終った。そして、私としてはそれより他にありようのない「回向」の生活へと、私は分けいるにいたり、読書も「回向」の実践形態としての色読——全肉体による読書——を意味するにいたった。

（『クレタの壺』）

利子はがんを患い、亡くなる。「被殺」と書いているように、妻は現代医学に「殺された」のだ、と上原は今日の社会を断罪する。『死者・生者』の最終章は、その克明な記録でもある。上原は、ここで妻を担当した医師を実名で批判しているが、糾弾するのは、医療過誤だけではない。むしろ第一義の問題は、医師たちが人間に対峙するときの根本的態度にある。医師たちは利子を、一個の人間として認識しない。彼らが見ているのは「病気」であって、病に苦しむ人間ではない。

患者が医師との関係に賭しているのは、いのちである。誤解を恐れずに言えば、むき出しの魂であり、「霊」である。それは生理的な生命と不可分に存在し、肉体を超えてなお、実在する。後者が前者を包含している。生命を賭けるものは、例外なく、自らの中にあって、超越を志向する何かを同時に賭けている。肉体の危機とは必然的に、それを超えたものの危機でもある。

病は、ときに癒しがたい。しかし、その事実は、自らの人生を最後まで生き抜くことと矛盾しない。生き抜くとは、長く生きることではないが、深く在ることではある。上原は、何人《なんぴと》たりとも人間は、生を深める「自由」を最後まで奪われるべきではないと訴えている。

生命の真実を忘れた現代は、人間が死者として新生することを疎外している。人間の存在的深まりが、生者と死者において双方向的に起こる事実を、現代は隠蔽しようとしている。その先頭に立っているのは医学であり、さらに「宗教」である、と上原は指摘する。

ある日、彼は日蓮宗宗務院で、同宗の僧侶を前にして、日蓮の誓願論を講じる。そこで彼が口にしたのは、字義通りの「宗教」批判である。自分は日蓮を「単に日蓮宗一宗門だけのものではなく、日本人全体のものにしていきたい」と願う。そうした者から見ると、日蓮宗は日蓮の三つの根本誓願を、他人事として「棚上げして」いるように思える。その態度は「甚だ怠慢」ですらある。さらには「権力者のイデオローグや支持者や追随者ともきっぱり絶縁せざるをえない」（『死者・生者』）とまで発言する。

いま、「宗教」は「死者」に実在を与えていないのではないか、「宗教」の世界もまた、死者を駆逐し、生者に占領されているのではないか、と彼は宗教者に問いかける。「霊」の真実の顕現を拒むのは、「宗教」ではないのかと言うのである。

震災以後、分野を問わず、多くの表現者がそれぞれの発言を行った。しかし、自らの耐えがたい気持ちを吐露するに留まっているものも少なくない。私は、死者を正面から問題にした発言者にほとんど出会うことができなかった。もちろん、私の知らないところで、死者をめぐる真摯な発言が行われているだろうことは承知している。また、発言することなく、覚悟をもって、現地に足を踏み入れ、被災者の横にあって、死者をめぐる対話に真摯に耳を傾け続ける市井の人々がいることを、私は知っている。

死者にふれることなく、震災の問題の解決を求めることは、問題の大きな一側面を見失うことになる。もっとも深刻な被害を経験しなくてはならなかった一人一人が、数に置き換えられて記録され、記憶からは消されてゆく。死者を記憶するのは個々の遺族の役割であって、公で議論すべき問題ではない、との意見があるかもしれない。

しかし、本当にそれでよいのだろうか。そうした社会常識をなぞっただけの態度が、死者を世界から消してきたのではなかったか。

内心にまざまざと起こる死者の経験を、社会常識という無記名の通念によって打ち消されなくてはならないところに、人々の耐えがたい苦しみがあるのではないか。死者の話をする。それを聞く者は、憐れみをもったまなざしで、話す人を見る。しかし、死者を語る人々が欲しているのは、自らへの憐憫ではない。自己の内側にある個的な死者の体験が、他者によって共有され、現実の出来事となることである。

死者との協同の理念は、「現実をたんに認識するための方法概念でありうるだけではなく、現実を救済するための実践原理としても妥当するのではあるまいか」(『死者・生者』)と上原は書いている。上原にとって、死者を論じることは、現実世界の今に、積極的に参与する営みだった。さらにいえば、彼は真に実在するのは死者であり、生者は、死者の存在なしにはあり得ないことを、死者論を世に問うことで明示しようとしている。

「回向《えこう》は、同時に悟りへの道でもある。死者は迷っている。生きている人間はいっそう迷っている」と上原は書いている。上原にとって回向は、生者が行う死者への弔いであるよりも、迷いにある生者・死者が共に「悟りへの道へ到達する」営みだった。

回向とは「共存・共生」する死者との協同にほかならなかった。

彼にとって「読む」あるいは「書く」とは、死者の助けを借りて世界を動かす高次の実践である。「読書も「回向」の実践形態としての色読――全肉体による読書――を意味するにいたった」との先の一節からも分かるように、一巻の書を「読む」ことがすなわち「回向」であるという世界に、晩年の上原は棲んでいる。そのために彼は東京を離れ、あらゆる第三者に住まいを告げず、娘と「妻」と暮らした。世が彼の死を知ったのは、三年以上あとのことだったのである。

「色読《しきどく》」、上原はこの感覚の重層的交差、すなわち高次の共感覚を思わせる古来の日本語によって、自らの「回向」の実相を浮かび上がらせようとしている。「色読」とは法華経の真実を読み込み、そして、それを実践することを意味する。しかし、上原が用いるとき、その言葉は自ずと狭義の宗派的意味を超えてゆく。「色読」とは、異界へと「往き」、また、「還って」くる営みである。「読む」ことそのものが、現象界と実在界への往復運動となる。

回向には、「往相《おうそう》の回向」と「還相《げんそう》の回向」がある、と上原は述べている。死者に向かって「往く」、彼の営みがそこに留まるなら、その思想が普遍性を獲得することは難しい。彼の願いは、彼が冥界へ接近することに過ぎない。そこには他者と分かち合うものは、ほとんど見られない。上原の真実は、そこから「還って」くる営為にある。また、上原が稀有な思想家として新生するのも、「還相」においてである。

妻を思い、独り回向することが許されるなら、彼はそこに留まっただろう。しかし、彼の手にふたたびペンを握らせ、また、講演のために登壇させたのは死者たちである。死者が経験の普遍化を促す。このとき彼にとって、「読む」ことだけでなく、「書く」こともまた、死者との協同である。そうした言葉であるが故に、困難にある人の傍らにあって、励まし、ときに導き、そして護符のごとき守護者となるのである。

また、上原は「私が共闘せざるをえないのは、はたして亡妻だけだろうか」と自らに問う。「共闘者としての亡妻という実感に立つと、今まで観念的にしか問題にしてこなかった」、アウシュヴィッツ、アルジェリア、ソンミ、南京あるいは関東大震災下で、またアメリカによる大空襲下の東京、原爆投下によって広島・長崎で「虐殺」された人々が、「全く新しい問題構造において私の目前にいきいきと立ち現われてくる」と言う。

さらに死者は、審判の被対象であるよりも審判する者、その「主体として永存する」。「死者にたいする真実の回向は、生者が審判者たる死者のメディア〔媒介者〕になって、審判の実をこの世であげてゆくことのうちに存するのではあるまいか」とも記している。ここでの「審判」を、裁きと誤解してはならない。死者の役割は罰することではない。むしろそこには、事実の明示、真実の顕現の意味が籠められている。

「アウシュヴィッツ」は収容所があった場所だが、ナチス・ドイツによるユダヤ人虐殺の代名詞となっている。ヴィクトール・フランクルの著作『夜と霧』（池田香代子訳、みすず書房）は、そこに収容され、さらに過酷な条件を強いられるダッハウの収容所に送られた「一心理学者」の精神的記録である。フランクルはウィーンに生まれたユダヤ人であり、医師。脳外科医としても優れていたが、のちに彼は精神科医として活躍し、その理論と実践は「ロゴセラピー」と呼ばれ、今日も精神医学の一翼を担っている。

大震災以後、フランクルの著作が注目を集めている。『夜と霧』は彼の主著である。克明に描き出される収容所内の光景は、過酷で、悲惨であると共に、劣悪である。また、それを感じ取る人間の意識も、恐怖と閉ざされた未来、奪われた時間の中で、次第に機能を失っていく。

あるとき、彼の横に寝ている男が悪夢にひどくうなされている。それは起こさずにはいられないほどだった。フランクルはゆり起こそうとして、突然手を止める。いかに過酷な悪夢であったとしても、その仲間が目を覚ましたあとに待っている現実を超える「悪夢」などないと思われたからだ、と彼は書いている。

収容所内での日常を、ここで説明することはしない。社会的人間であることの証がすべて略奪され、あるいは破壊された。亡くなった人は多い。ガス室だけでなく、餓死、病死、あるいは虐殺される者もいた。そのなかでフランクルは生き残る。そして後年、「或る心理学者の強制収容所体験」と題された論考を完成させる。それが、私たちが読む『夜と霧』である。この本では、人間が何かの力によって不可避な苦難を強いられたとき、その状況をいかにすれば生き抜くことができ、人間が最後まで真実の意味における「自由」を保持し得るかが論じられている。その著作が、震災下の日本に、励ましと、ある導きとなるだろうことに異論はない。フランクルの意図からも外れてはいないだろう。

フランクルは医師の専門性を発揮し、状況を記憶し、それに論理の肉体を与えているが、一方、それを実現するものが、意識以上の働きであることも、はっきりと感じていた。この著作で彼は、人生の「コペルニクス的転回」、すなわち生きる意味に対峙する人間の態度の根本的転回に言及する。フランクルは、「生きる意味」がどこにあるのかと問うことを止めろと言う。

ここで必要なのは、生きる意味についての問いを百八十度方向転換することだ。わたしたちが生きることからなにを期待するかではなく、むしろひたすら、生きることがわたしたちからなにを期待しているかが問題なのだ

（『夜と霧』）

また彼は、こう続けている。人間はいつも「生きる意味」の前にいる、「生きることは日々、そして時々刻々、問いかけてくる。わたしたちはその問いに答えを迫られている。考えこんだり、言辞を弄することによってではなく、ひとえに行動によって、適切な態度によって、正しい答えは出される」のである、と。

これは、必ずといってよいほど、フランクルを論じる者がふれる一節である。今では、ほとんど独り歩きしている言葉でもある。私にとってもそうだった。フランクルの原著を手に取る前に、ある著作を通じて生の「コペルニクス的転回」については知っていた。その後、彼のほかの著作を読むときにも、この主題が念頭を離れることはなかった。たしかに、この言葉にはフランクルの中核思想が表現されている。しかし、さらに重要なのはその先に続く言葉である。

（わたしたちが生きることからなにを期待するかではなく、むしろひたすら、生きることがわたしたちからなにを期待しているかが問題なのだ）ということを学び、絶望している人間に伝えねばならない。

震災下の日本において、この本から学び得る、また、学ばなくてはならないのは、この一節である。彼の眼目は、コペルニクス的転回を経験するところにだけあったのではない。それは途中に過ぎない。むしろ、それを「学び、絶望している人間に伝え」ることにあった。生き抜くためには、その経験を実感するだけでは足りない。それを他者に伝えなくてはならない。フランクルは収容所内という状況下でも、入所前まで書きついできた論文の完成を、決して諦めない。だからこそ、わずかな紙片は、ときに食糧にも匹敵する力をもって彼を支えたのである。

フランクルには「書く」ことが与えられていたが、人はかならずしも「書く」必要はない。一人でも多くの人間に伝えることができれば幸運だが、それは第一義の問題ではない。眼前の他者に向かってそれを体現すればよい、とフランクルは書いている。

『夜と霧』で彼が「英雄」と呼ぶのは、病に倒れ、死期を目前にしながらも、魂が深化することに感謝する若い女性であり、奪い合わねば自分が死ぬという状況下で、他者にパンを分けあたえる者、あるいは、通りすがりに思いやりのある言葉をかける者である。

この本には、独り思う精神的営みも、物理的な援助も、また言葉によるねぎらいや励ましも、同等の高次な価値と意味を持つ行いとして記録されている。もちろんフランクルは、収容所内ではこうした高貴な行いばかりが起こったのではない、とも書き添えることを忘れない。だが、「あたえられた環境でいかにふるまうかという、人間としての最後の自由だけは奪えない」、それを実証するには、少数の「英雄」たちの行為で充分であるとも記している。

被災地だけでなく、苦難を強いられたあらゆるところで、同質の出来事は今も、起きつつあるだろう。それを他者に伝えることは、フランクルの言葉を借りれば、それを見た者の「義務」である。

しかし、それが「義務」だとしても、彼がなぜ、途中でそれを投げ出さずに遂行できたのかは、別な問題である。ここに『夜と霧』に籠められた謎、あるいはフランクルが読者に読み解かれることを願う秘密があるように思われる。

収容所内ではいつからか、降霊術が行われるようになった。ある日、霊媒が「vae v」と鉛筆を動かす。この人物はラテン語を習ったことがなく、この言葉が、vae victis（哀れなるかな、征服せられし者よ）を意味するのを知らない。フランクルはその場にいた。この現象について、意見を求められればこう答えるだろうと、彼は次のように書いている。「この人はかつていつか、何気なくこの言葉を耳にし、意味も教えてもらったことがある、そして、わたしたちの解放つまり終戦をほんの数カ月後にひかえていた当時の状況にあっては、「霊」（つまりは下意識の精神）がこの言葉を思いつくのは理の当然だ、と」

フランクルは降霊術を認めない。それは封じ込められた記憶の再現であるという。しかし、彼は、私たちの精神が数カ月先を感知する力があることは認めている。彼は生者による、いたずらな死者の招来を断固拒否するが、精神は時空を突破し得るとする立場を取る。この話に続いて彼は、「日の出前の風は氷のように冷た」い、そんな時節に起こったある出来事を記している。

まだ暗い中、彼は寒さに凍えながら歩いている。隣を歩く仲間がふと言葉をもらす。こんな姿を妻が見たらなんと言うだろう、彼女たちの収容所はもっとましだとよい、自分たちがどうなっているかを知らないでいてくれることを願う、と言った。男は妻を案じるだけでなく、同時に極限にある自分のことを知らないままでいてほしいと強く願う。自分が苦しんでいることを知ることが、同伴者のもっとも耐えがたい苦しみとなることを、男は本能的に感じ、言葉にしている。彼が心を砕いたのは、自分が救われることよりも、自分のことで伴侶が苦しまないことだった。

フランクルはこの男の発言に、何も言葉を添えていない。しかし、それを記録しているのは、ここには小さな、しかし、高い愛の表現があるからだ。彼はそれを掘り返すのを、読者に託そうとしている。男のこの発言につづいて、フランクルはこう書いている。「そのとき、わたしは妻の姿をまざまざと見た！」

雪に、氷に足を取られ、支え合いながら何キロもの道のりを、男たちが無言のまま歩いている。言葉を発する者はいない。しかし、「わたしたちにはわかっていた。ひとりひとりが伴侶に思いを馳せているのだということが」と彼は記している。「わかっていた」とあるのは、そう思われた、という感慨以上の、確信に近い思いがあったことを示している。さらに彼は言葉を続ける。

星の輝きが薄れ、分厚い黒雲《くろくも》の向こうに朝焼けが始まっていた。今この瞬間、わたしの心はある人の面影に占められていた。精神がこれほどいきいきと面影を想像するとは、以前のごくまっとうな生活では思いもよらなかった。わたしは妻と語っているような気がした。妻が答えるのが聞こえ、微笑むのが見えた。まなざしでうながし、励ますのが見えた。

解放されたあと、フランクルが妻と会うことはなかった。彼女がいつ、どこで亡くなったかも、彼は知らない。このとき、すでに亡くなっているかどうかは、彼女を「見た」事実を打ち消すことにはならなかった、とフランクルは述べている。さらに、もし、彼女がすでに亡いことを知っていたとしても、「かまわず心のなかでひたすら愛する妻を見つめていただろう。心のなかで会話することに、同じように熱心だったろうし、それにより同じように満たされたことだろう」とも記している。

こうした精神——あるいは魂——の記録は、『夜と霧』に幾度か刻まれている。あるとき彼は、妻を「すぐそばに感じる。手を伸ばせば手を握れるような気すらする」

と感じていたのである。フランクルにこの経験がなければ、私たちはおそらく『夜と霧』を読むこともなければ、彼の名前すら知らなかっただろう。

人生の意味は、刻々と迫ってくる瞬間に、具体的に生きることの中にその姿を露《あら》わにする、とフランクルは書いている。別な表現をすれば、彼が「死者」たちに出会うのは、その存在を考えることによってよりも、彼が日々生きる、その行為においてである。「死者」たちは空をさまよっているのではない。「死者」は営みの中に自己を顕《あら》わす。行為の中に死者を「見る」こと、生きることそのものが「死者」との交わりであり、協同であることを、フランクルの著作ははっきりと伝えている。

上原専禄だけでなく、フランクルにとっても死者は、ときに自分よりも身近に感じられる他者だった。彼らはあるとき、生者が死者を支えるのではなく、死者が生者を助け、導いていることに気がつく。妻を失ってほどない頃、上原は「共存・共生・共闘の理念」を説いたが、数年後の発言は少し様子が変わってくる。「亡妻に回向していると思ったのは、独り合点なのであって、実は、亡妻に回向される身に私はなっているのかも知れない」(『死者・生者』)と言ったのは、妻の没後四年、亡くなる二年前のことである。

回向の主体の働きかけは、自分からではなく、むしろ亡くなった妻から注がれている、この上原の言葉は、先にふれたフランクルの「転回」を思わせる。上原は、かつて死者は生者の祈りを求め、生者はそれに応えなくてはならないと信じていた。そうした認識に誤りがあるのではない。しかし、それが実行されるところには、まず死者からの無私の手助けがあることに気がつくのである。働きかけはいつも、彼方から先に注がれている。だが、生者はしばしばそれに気がつかない。フランクルならこう言っただろう。死者を追悼しなくてはならないと懸命になる自分を、ひとときも離れず見守り、助け、そして真実の表現者となったのは「死者」たちであった、と。『夜と霧』の本当の主人公は、生き抜いた自分ではなく、生存することはできなかったが、その生涯をもって生の意味と秘儀を体現した「英雄」たちであることを、フランクルは自覚している。この本の序文で彼は、自分は「事実」を伝えるためにペンを執ったと書いているが、この一語は、そのまま「死者たち」と読み替えて一向に構わないのである。

震災の場合のみならず、愛する者を失い、苦しむ者は後を絶たない。また、確実に悲しみは続く。近親者を失った人に対して日蓮は、早く悲しみを乗り越えろなどとは言わなかった、「一緒に悲しんで、もっと悲しめ、もっと悲しめといっている」（『死者・生者』）と、上原は書いている。この言葉は、彼が妻を失ってまもなくのものだが、後年の彼なら、悲しむのは生者ばかりではない、死者もまた悲しむと書いただろう。なぜなら、共に悲しむことほど、苦しみを分かち合う営為はないからである。死者は、墓中にはいない。むしろ、彼岸にあって、彼らの仕事に従事している。その一つが、愛する者の庇護《ひご》であり、協同である。

私たちは、上原やフランクルの証言を信じる必要はない。二人の死者論が徹底して個的な経験であるように、私たちは、彼らの言葉をたよりに、自身と死者との関係を発見することができる。もし今、それが見つからないとしても、そのことに心を惑わされる必要はない。安心してよいのである。死者との関係は、創造ではなく、発見である。フランクルの言葉を借りれば、すでにある「事実」を発見することである。私たちがそれを捉えることができないとしても、関係は存在していて、私たちの生の根幹に何かを注ぎ込んでいる。私たちが、ただ毎日を生きる、その無言の営みが、死者への絆となり、また、無上の供物となる。

『死者・生者』を書いた上原は、その書を「霊前」に捧げると書いていたが、およそ一年後に出した、彼の精神的自叙伝でもある『クレタの壺』の献辞には変化がある。上原はそこに、こう記している。

われらと共存し共生し共闘する
妙利子の清鑒にこの書を供する

「清鑒《せいかん》」とは、他者の優れた見識、本質を見極める精神を意味する。このとき、彼は利子の「霊前」に捧げるのではなく、協同者に対してこの本を「供」し、公刊を喜び、またその慧眼《けいがん》に感謝しているのである。

死者との対話を願うなら、孤独を恐れてはならない。彼らは、私たちが独りのときに傍らにいるからである。死者との邂逅《かいこう》を願うなら、悲しみから逃れようと思わない方がよい。悲しみは、死者が近づく合図だからである。

死者と共にあるということは、思い出を忘れないように毎日を過ごすということではなく、むしろ、その人物と共に今を生きるということではないだろうか。新しい歴史を積み重ねることではないだろうか。「死者」は肉眼で「見る」ことができない。だが、「見えない」ことが、実在をいっそう強く私たちに感じさせる。死者の経験とは、「見る」経験ではない。むしろ、「見られる」経験である。それは「呼びかける」

対象である以上に、「呼びかけ」を行う主体なのである。

2

死者と生きる

一

死者に思われて生きる

電車で小池昌代の書評集『文字の導火線』（みすず書房）を読んでいると、池田晶子『リマーク 1997-2007』の一節に出会った。『リマーク』は十年にわたって断続的に書き継がれた池田の思索日記で、以下の言葉は一九九九年六月十一日に記されている。

死者
死体の謂《いい》ではない
生存ではない存在形式において存在する者
つまり異界の者

の思い為すこと、それが物語である。

死者の思い為しを生者は生きている
死者に思われて生者は生きている
したがって、生存とはそのような物語なのである

ここで語られようとしているのは、死ではない。死者である。池田晶子は死と死者を峻別《しゅんべつ》する。彼女はしばしば死者の経験を語ったが、死を語ることはなかった。ここでいう死者とは、亡き者ではない。「生存ではない存在形式において存在する者」、いわば「生ける死者」である。

死を論じる人は無数にいる。あるいは死後についてまで、あたかも自分が経験したかのように話す人がいる。しかし、彼らにとっての死が、私たちと同様、いつも他者の死であることを忘れないでいよう。

この一節は突然、私の前に避けがたいかたちで顕われた。それは、出来事と呼ぶに十分な経験だった。それは世界から一歩外に連れ出されることで、文字通りの意味

で、異界の風景を見、そこを舞う風にふれることだった。また、私には、その言葉が汲めども尽きない水源のありかを教えているようにも思われ、水源のありかを伝えるのは、水面にふれた者の責務であるとも感じられたのである。

それは、所有することが不可能である何かに対峙した経験でもあった。所有し得る、と思うとき、人は存在の実相を見失うのかもしれない。人は真実の意味では何も所有し得ない。そのことを判然と教えてくれる事物、あるいは経験がある。所有できないものに対峙するとき、私たちはあらためて、自らが不可視な働きに支えられ、存在していることを実感する。

私は薬草《ハーブ》を商うことを生業としつつ、文章を書いている。ほとんど関係がないように思われる二つの仕事は、託されたものを未知の他者に届けるという一点において、自分のなかでは、ほとんど境界がないほどに強く結びついている。力は植物に潜んでいる。送り主は自然である。受取人は癒えるべき者である。薬草の効果を実証するのも、それを摂る者である。言葉にも同じ秩序が働いている。呼びかける力は言葉にある。用いられているのは人間である。逆ではない。

植物は正しいときに蒔かれ、正しく収穫されなければ、「薬草」にはならない。しかし、正しく採取されていれば、誰が収穫したかは重要ではない。植物であれ、文学、哲学、科学を通じてであれ、人間がなし得るのは、創造ではなく発見ではないだろうか。さらにいえば、人間に委託されているのは、いつも何かを見出し、想い出すことではないだろうか。言葉においても、誰が発したかは、第一義の問題ではない。

書物は動かない。それは、乾き、生命活動を止めたかに見える薬草も同じである。正倉院に蔵されている乾いた薬草が、飲まれることで蘇生するように、書物もまた、時空を超え、読まれることで生気を取り戻す。

薬草学の歴史とはすなわち、時代を経て、文化を横断し、多くの人間に用いられることで、そこに秘められた可能性が明らかにされてきた軌跡にほかならない。言葉に秘められた真実の意味を知るのは、それを発した者ではなく、受けた者である。作品を完成させるのは書き手ではなく、読み手である。作品を深めるのは無数の他者による有形無形の応答である。

さらにいえば、逸脱しているかに思われる解釈、創造的誤読が、書物の土壌となる。書物は育つ、育ち続ける。それは植物のように花を咲かせ、果実をつけ、種子を宿らせる。種は風に運ばれ、しばしば国境あるいは境域を越える。

新生を続ける言葉の秘儀は、書かれた言葉においてのみ、起こるのだろうか。死者の言葉に、同質の出来事は起こらないのだろうか。

先の池田晶子の一節にふれ、小池昌代は多く説明することなく、「そういう存在の仕方を、死ぬことによって、このひとは身をもって示してくれた」と言葉を続けている。彼女もまた、池田の言葉を前に、自らが一個の通路になろうとしている。

私を驚かせたのも、池田晶子の言葉ではない。そこには、個人の刻印はない。言葉が、池田を通路として選んだという事実のみがある。選びの事実は彼女が一番よく知っている。人は、真実の意味で言葉を語ることはできない。言葉《ロゴス》が人間に訪れて、通り過ぎるのである。

彼女は、世界に言葉を刻むことに関心などなかった。ただ、彼女自身が言葉になることを願ったのである。ソクラテス以前の哲学者たちのように出典も消えて、ただ言葉だけが残ることを、どんなに切望していただろう。池田は「哲学者」と自称することを拒み、「文筆家」と称していた。「哲学者」とは、没後、第三者によって用いられる呼称であって、自ら名乗るものではないとも言った。

彼女は哲学と思想の異同にふれ、こう書いている。「私にとっての「哲学」と「思想」の違いは明快でありまして、哲学は「自分で考えるもの」、思想は「取って付けるもの」と、こう端的に分けることができます」（『暮らしの哲学』）。「哲学」とは、学問以前の営みであり、「考える」ことそのものである。「思想」はいわばその抜け殻に過ぎない。だから、たとえ山積みの「思想」が残っても、その思想家が「哲学者」たり得たかどうかは、それだけでは分からない。池田にはそう思われた。先の一節に、彼女はこう続けている。

あるいは、考える行為そのものを「哲学」と言い、考えた結果、表現された言葉の側を「思想」と言ってもいいかもしれない。このために、誰かが自ら考えた結果としての言葉を繰り返しているだけで、その人は自分が哲学している気分になりがちですが、そんなのはインチキで、ただ思想を取って付けただけだということです。

（『暮らしの哲学』）

ここでの「自分」とは個人を意味しない。この点を読み誤ると、彼女の文章が読めなくなる。池田にとって「考える」とは、個の彼方における営みだった。「意見というのは個人的なもの」だが、「哲学は普遍的なもの」だといい、また「哲学には「自分の意見」なるものは存在しない」とも書いている。彼女が哲学の巫女を自称するときも同じ機構が働いている。

自らを巫者《ふしゃ》と呼ぶ、それは言葉に対する敬虔の表現である。「考える」とは、もともと「かむかう」、すなわち何事かに「向かう」ことを意味した。池田晶子が「考える」、それは文字通り言葉を迎える祭儀である。それは自分を分析することとはまったく異なる。巫者は自分の意見を持たない。ただ、飛翔しようとする言葉の通路になるだけである。

巫女たることを欲したのは彼女ではない。彼女はロゴスの選びに従順だっただけだ。旧約聖書の預言者たちがそうであるように、降りやまない言葉に、幾度となく、自らの宿命を嘆いただろう。話すことの代わりに、書くことを定められたと彼女は信じた。一見すると洒脱な文体のうしろに、満身創痍で身を横たえながらも、言葉に忠実であろうとするその姿を見た読者もいるだろう。

言葉の使徒となっても、読む他者がいなければ、巫女は巫女たり得ない。さらにいえば、巫女はときに、自分で何を書き記しているのかを知らない。むしろ、明示されるのは、巫女以外の他者に向かってなのである。

ソクラテスが対話を重んじた理由はここにある。彼にとって哲学とは、すなわち対話だった。古代ギリシアでは、二人が対話に臨むとき、第三の席を用意し、神の臨席を仰ぐこともあったという。真理は個人に帰属しない。それは複数の人間によって生じる場にのみ顕われる、そう彼らは信じた。

ソクラテスは、自分が何を話しているかを十分に理解していたのではない。むしろ、それを受ける他者の応答のうちに、自らの声を聞いたのだった。彼は、自問自答が対話の究極であるというが、その内的対話が単に私を掘り下げることに終始するなら、言葉と遭遇することは難しい。そこには他者が存在しないからである。

他者とは、普遍につながる最初の道標である。ソクラテスは不可視な他者を「ダイモン」――あるときは複数形で「ダイモニア」――と呼んだ。彼にとって自問自答とは、文字通りこの見えない他者との対話にほかならない。

「ダイモン」とは、抑圧された自分、ソクラテスの無意識の働きであるとする現代の視座から、この異能の人に近づこうとしても無駄である。知識をためることに懸命で、信じることを恐れながら、ソクラテスは不可解だと言う。それは自分で鉄柵を建て、境界を作り出しながら、その向こうにしか感じることができないと嘆く者に似ている。「ダイモン」を信じてみなければ、せめて信じようと努力してみなければ、ソクラテスの言葉も、その人格も理解できない。

池田晶子にとっての「死者」は、ソクラテスの「ダイモン」的実在である。ソクラテスは「ダイモン」を恐れたことなどなかった。ただ、いつもそれを畏怖したのである。池田も死者を恐れない。ただ、その守護を感じている。恐れは私たちを戦慄させ、萎縮させる。畏れは私たちを驚かすが、恐怖に陥れるようなことは決してない。恐れるとき、人は自らを守ろうとする。しかし、畏怖の感情はいつも我を忘れさせる。恐れるとき、人は我が身だけを守ろうとして、他者を忘れる。しかし、畏れは、他者がいなければ私たちもまたいない、という存在の秘儀をかいまみさせてくれる。池田は一九九八年一月一日の『リマーク』に、畏れの経験をこう綴っている。

たとえばそれは、機上から雲間にぽっかりと地上の光景が覗くような仕方で、
異次元
もしくは
異界
が見える
あの明らかさはなんなのか
そこで動いている住人について、「生きている」もしくは「生命」という言い方

はできない

「あの明らかさはなんなのか」と嘆息されるほど、異界への参入は彼女にはっきりと経験されたのだった。彼女もまた「見る」者、「見者」だった。彼女が異界を求めたのではない。むしろ、何者かが彼女を別世界へと連れ去ったのである。異界への扉を開けることはできない。人は、開くまで待たなくてはならない。

待つことの積極性、さらにいえば、待つことは、死者が私たちに期待するほとんど唯一の営みである。「ダイモン」は決して行動を促さなかった。常に禁止を告げた。摂理をつかみとろうとしてはならない、それはひたすら待ち続け、受け取るものである。このとき、待つことは、ほとんど祈りに等しい。

彼女の言葉は、見えるものの世界の彼方に、見えない世界があることを告げている。私たちが生活する可視的な世界は「現象界」、それを包含するもう一つの不可視な世界を「実在界」と呼ぶことにする。二つの世界は別々に存在しているのではない。「相対的なる現象界から絶対的なる実在界へ通ずる一の通路」（『神秘哲学』）と、井筒俊彦が聖なるものをめぐって書いた一節が示すように、実在界が現象界を包む。それは魂と肉体の関係に似ている。肉体のうちに魂があるのではない。魂が肉体を包む。

彼女が見る実在界の「住人」は、たしかに「動いている」。だが、私たちが思う「生命」感や、「生きている」と認識する状態とは異なる。現象は生滅を繰り返す。しかし、実在は不滅である。肉体と魂の関係も、それに呼応している。

現象は実在に従って起こる。実在に従ってのみ、生起する。現象界での「動き」は、実在界における「動き」の影に過ぎない。五感を別々に駆使しても、実在には到達しない。それは、複数の鍵を同時に回さなければ開かない扉の向こうにある。優れた芸術はいつも、複数の感覚に訴え、五感が人間の感覚の一部に過ぎないことを教え、美が実在から流れ出ていることを明らかにする。

先の「異界」の一節に接したとき、あたかも一枚の絵を見たかのようにも思われた。喩えではない。その言葉は、語意として認識されたのではなく、「異界の者」の光景を活写した色鮮やかな、言葉による「画」とすら感じられた。

どこからか風景が湧き上がる。しかし、それは私の内面からではない。むしろ、私が「風景」の中に存在していることを知らされた、というべきかもしれない。私の眼は、何も映し取らないが、魂は、たしかに風景を「見た」。眼が出来事をとらえるのではなく、出来事が眼を開かせるのである。

「思索するとは謎を呼吸することだ」とも池田は書いている。「呼吸する」という表現から感じ取ることができるように、「謎」は、空気のように不可視であり、遍在する。また、「謎」が私たちを在らしめている。それは命名しがたい超越者である。

空気が動き出すと、私たちはそれを風と呼ぶ。ギリシア語で風を表わすプネウマ（pneuma）は、のちにキリスト教の三位一体をなす聖霊を意味することになる。イスラーム神秘哲学の祖、イブン・アラビーは、同質の働きを「神の慈愛の息吹」と表現する。同時代、イランに生まれた神秘哲学者スフラワルディーは、それを光と呼んだ。

謎、風、息吹、光、何と呼ぼうとも、その働きは、一切の区別なく人間を包み込む。それを一なるもの、一者と呼ぼう。万物は個として独立していながら、一者の一部であることでつながっている。

風を感知する人間の目ではなく、風の眼になって見てみよう。そこでは眼下に存在するすべてが、個でありながら全である。「一即多・多即一」と華厳仏教が説く光景も同じである。そこに万物をつなぐ可視的なものは何もない。集合も一致もないままでありながら、個が全を形成する。なぜ、そうしたことが起こり得るのか。それを言語で説明することはできない。だから、彼女はそれを「謎」と呼ぶのである。「謎を呼吸する」との一節からも分かるように、池田は、読者にも身をもって「謎」を経験することを求める。彼女の言葉は、頭で理解しようとする人間に警鐘を鳴らす。池田晶子を読む、その文意は明瞭だが、容易に踏み込めない、障壁に似た抵抗を感じる、という複数の声を聞いた。私もかつてそう感じていた。言葉に引き寄せられるが、踏み込めない。しかし、その言葉は読者を離さない。障壁を感じるのは、彼女が読者を拒むからではない。私たちが、すでに彼女に出会っているからだ。何かに出会うことなく抵抗を感じることはない。

それは、私たちと死者が出会うときと似ているかもしれない。死者を思い、悲しむ。しかし、悲しみは、死者が私たちの近くにいる合図でもある。悲しいのは、死者を見失ったからではない。眼で見、この手で抱きしめることのできないことへの悲しみだろう。そのとき、悲嘆にくれるほど愛おしい人に出会っていたことを知るのである。

彼女の本は——あるいは「彼女」——は、自分の声や発言を追う者ではなく、協同する者を待っている。印刷された文字を追う者との間には、創造的遭遇は起こらないばかりか、それをよしとすることは、読者から「考える」ことを奪うことになるのを、彼女は熟知している。

本を読む、そのとき作者は何かを分かち合おうと必死で、こちらの眼を見て話している。私たちは顔を下に向け、役立ちそうな言葉をメモすることに懸命になってよいのだろうか。それは差し出された手を退けるのに似ている。彼女は、こうも書いている。「人は、自分の人生に密着しすぎている。そんなふうに感じることがある。別の言い方をすれば、人は人生を生きるのは自分であると思い込んでいる」（『あたりまえなことばかり』）。この事実を伝えることのほかに、彼女にとって「書く」内的必然があっただろうか。

彼女の言葉は、彼女自身の経験であるより、未知の読者と共に「なされた」経験である。私たちは、そこにいつの日かの「自分」を発見する。

薬草に関心のある人だけがそれを必要とするのではないように、文学あるいは哲学の言葉を必要としている人はいたるところにいる。薬草を商っていると、この植物はすでに行く先を決めている、そう感じられることがしばしばある。せめて邪魔をせずに、そこへ確実に届く手助けをすることが、薬草商の仕事であるとの自覚を迫られる。言葉をめぐる文学者あるいは哲学者の役目も同じだろう。

自己の経験が、言葉を通過することで、他者に開かれていく。出来事が自らに起こったことを語るのではなく、万人に生起していることを詳《つまび》らかにする。それが哲学者あるいは詩人の役割であり、巫者にとっての神聖なる義務である。

池田晶子は、考える人であると共に経験の人である。彼女は、「考える」ことがそのまま経験となり、思索が出来事を招来する地平で生きた。むしろ、「考える」ことが言葉の前に無心になることであるなら、それは巫者の日常であるだろう。

池田の講演録『人生のほんとう』には、哲学者の伝統に連なる高校生の語りがある。ランボーがそうだったように、詩人の伝統に列する少年は今もいる。知者とむすびつく商人、賢者の伝統に生きる老人もいるだろう。私たちはみな、裡《うち》に哲学者、詩人、画家、あるいは音楽家を秘めている。預言者が「謎」の言葉を担うように、哲学者は、謎の論理を背負い、画家の使命は謎の色、音楽家は謎の音の表現者となる。

ここで「哲学者」、「詩人」、「画家」、「音楽家」は、個別の職業を指すのではない。感動するとき、人はその対象の前に変貌する。人はときどきに使命を帯びて、精神の姿を変じる。感動とは、無いものが満たされたことをいうのではない。内に秘められた実在と外なる現象との、共鳴と共振そのものである。

感動するとき、そこに対象は存在しない。そこには主客の別はない。むしろ、主客の逆転があって、対象が私たちを包み込むのを感じる。そのとき、私たちは存在が一なるものであること、存在の一性をかいま見るのである。

「読むとは絶句の息遣いに耳を澄ますことである」とも池田は書いている（『リマーク1997-2007』）。彼女にとって「読む」とは、言葉の秘儀にふれることである。また、「読む」とは、「絶句」の律動に呼応し、存在の響きを共に経験することなのである。「読む」とは平面をなぞりながら、どこまでも広がってゆく経験ではない。むしろ、一点に立ち止まって、そこを掘り下げることである。私たちが死者と出会うのも、この垂直の次元である。死者の姿を追って、どこまでも進む必要はない。死者は、私たちが立ち止まり、今ここにしか、生きる「時」も「場所」もないことを自覚するのを待っている。独りではない。あなたに私が見えなくても、私にはあなたが見えている、そう死者たちは言うだろう。

極点での「読む」ことが、眼で文字を追うことではなく、「耳を澄ますこと」となるように、死者との対話は、私たちに五感を超えた感覚があることを教える。真実の意味で「読む」とは、言語脱落の状態で、相手の魂と対話することである。「絶句の息遣い」とは、魂の声でもある。それは音にならない。

想像してみてほしい。あなたの前には愛する人が、死に臨み身を横たえている。彼女、あるいは彼は、もう言葉を発することができない。呼吸も困難で、嘆息することすらできない。もう、明確な語意は認識され得ない。しかし、二人は沈黙のうちに、五感を超えた「意味」を共感する。そのとき、人は語るのをやめ、ただ、その場に佇むだけでよい。何かを伝えようとする言葉が、沈黙の訪れをこばむ。沈黙は、言葉から言語の仮面を剝《は》ぎ取り、意味の本質を浮き彫りにする。そこに語意を感じる者もいるだろう。色を、あるいはかえって音を聞く者もいるかもしれない。「言葉」とは意味である。

肉体は滅ぶ。それが沈黙の姿をまとって顕われることに、何の不都合があるだろう。

私たちが日々目撃しているように、これは避けられない。しかし、滅ぶのも五感でしかない。科学では認識されない感覚があることは、私たちがいつも感じていることである。それは肉体の終焉《しゅうえん》に随伴しないばかりか、死は、その感覚の深化を告げる契機であるかもしれない。

肉体の朽ちたあとも、別なかたちで存在が持続しているとしたら、私たちが日ごろ、「死」と呼び、存在の終わりを意味する状態が、きわめて表層的な、脆弱《ぜいじゃく》な根拠に基づいていることが分かるだろう。

人は、いつか死ななくてはならない、そう言われれば、皆これを疑わない。実は死が何であるかを知らないにもかかわらず、死なくてはならないということだけを押しつけられ、疑問を持つ前に受け入れるように教えられている。死を経験した人はいない。冷静になってみれば一目瞭然の事実である。

「未だ生を知らず、いずくんぞ死を知らん」、生を知らないで、どうして死を知り得ようか、と孔子はいった。孔子は巫女の子供である、と白川静は書いている。彼は、宰相になることを願って放浪した思想家である前に、葬礼を司る祭司だったとも、白川は書いている。彼は神秘を論じない。しかし、それを愛し、生きた。孔子は死を語らなかった。だが彼は、死者と共に生きたのである。

死者がどこに暮らしているのかは、容易にうかがい知れない。ダンテがそうだったように、許されているのは、かいま見ることだけである。『神曲』は、生者は天界を覗くことはあっても、そこに暮らすことはないという、厳粛な事実を伝えている。そこに旅をすることと暮らすことは違う。そのことに説明は不要だろう。

しかし、生者と死者は協同する。死者を論じることは、死後を論じることではない。死後のことは、死したのちにしか経験され得ない。しかし、死者は、生者の現在、今、ここの問題である。祈りや慈悲、あるいは生きる意味が、現在における火急の問題であるように、死者の問題、死者論は、今、改めて問いなおされなくてはならない逼迫《ひっぱく》した問題なのである。

死者は観念ではなく、実在である。それは思われる対象であるよりも、思う主体であり、呼びかけを待つ者ではなく、呼びかける者なのである。

二　コトバとココロ

井筒俊彦は、池田晶子が真に認めていた、数少ない同時代の哲学者である。井筒俊彦の主著『意識と本質』との出会いは、彼女の前に大きく道を開いた。それを読む池田晶子の態度は、彼女のなかにある井筒俊彦の格別の位置を伝える。

「知識と実存との一分の隙もない一致、知ることとは、今生きつつあることを知りつつ生きることであるような在り方が、あるに違いないことを、どこかで強く信じていた」（「『意識と本質』を読む」）と書き、『意識と本質』を手にした頃の自分を語り始める。知ることが生きることでないなら、生の意味はない、そう池田は思い定めていた。「知る」とは、知識を溜めることではない。プラトンがいう「想起《アナムネーシス》」である。

知ることはすべて「想い出す」ことである、とプラトンは考えていた。創作を謳う近代の芸術家たちなど、彼の眼には瀆神《とくしん》の民に映るだろう。実在はすべてイデア界にあり、「知りつつ生きることであるような在り方」と池田が書いているように、プラトンにとって人間の生涯とは、その実相を想い出すことと同義であった。哲学とはその始原にふれようとする営みであり、知識を集積することとはほとんど無関係な、全身を賭すべき実践の道行きだった。

井筒氏の著作を手に取ったのは、狙いを定めたようなこんな時期だった。「腑に落ちる」という表現は正確だ、それは、すとんと深く、（私の）腑に落ちた。あるいは、おかしな言い方だが、意識の血が騒ぐというべきか、渇《かつ》えた意味が生命の水を掘り当てて、むさぼるように、（私の）意識はそれを飲んだ。

（「『意識と本質』を読む」）

「（私の）」との一風変わった表現が示すように、「読む」主体が自分だけではないことを、池田ははっきりと感じている。「おかしな言い方」と書いているから、本人もそれに気がついている。「渇えた意味が生命の水を掘り当てて、むさぼるように、（私の）意識はそれを飲」む。コトバは、彼女の肉体を通過するとき「水」となった。生命の水を飲んだのは誰なのか。「（私の）意識」とは「魂」である。彼女は知的興奮を語ろうとしているのではない。むしろ、前生――前世ではない――、すなわちこの世に生まれ落ちる以前からの縁を、たぐり寄せることができたというのである。「魂」にふれ、池田はこう述べている。

自分とはその姓名以上の何ものかである、そう感じる時、人はそれとは知らず、魂としての自己、その内実に触れているのだ。このとき、これを観察し、探索するという「孤独な」作業、これを厭《いと》って、安直に他者を求めに出向かないことだろう。魂としての自己、不可解であるという意味において豊かなその内実は、それを知ろうという態度にしか開かれないものだからだ。

（『あたりまえなことばかり』）

魂は、常に「私」の魂であると共に、「私たち」の魂でもある。私たちの日常が他者に支えられているように、人間は複数の死者によって守護され、存在していることを、彼女は疑わない。むしろ「死者の思い為しを生者は生きている」という実感が、彼女を離さない。

プラトンを読む池田晶子を想像してみる。彼女は、紀元前四世紀に生きた哲人の息遣いを想像しているのではない。彼女の眼前にいるのは、生ける「死者」たる老賢者プラトンである。

生きる実在として書物に向き合う。そう思い直して、頁をめくる。すでに本は、紙とインクからできた無機物ではない。そこには、「死者」、すなわち沈黙する魂が広がっていることに気がつくだろう。

また、彼女は、「哲学書を読みながら、血湧き肉躍るという経験はもう一度、それからほどなく、ヘーゲルの『大論理学』である」(「『意識と本質』を読む」)とも書いている。池田は、近代の哲学はヘーゲルに収斂《しゅうれん》すると考えていた。誤解を恐れずにいえば、ヘーゲルは池田にとって、ソクラテスの「ダイモン」のごとき存在でもあったろう。それは守護者であり、導師でもあり、対話者でもある。この一節は、池田がヘーゲルから受けたのと同質の衝撃が、井筒俊彦との間にあったことを伝えている。さらに、それはヘーゲルとの邂逅に先んじてあったのである。

『井筒俊彦著作集』の月報に書かれたこの一文を、おそらく井筒俊彦は読んでいる。池田も、井筒が読むだろうことを念頭に置いている。この一文が公になったのは、一九九二年十月、井筒が逝ったのは、およそ三カ月後、一九九三年一月である。ここで二人には了解されていただろう精神の、池田の言葉を借りれば、「魂」のリレーにおけるバトンの受け渡しが行われている。

　三十を超える言語に通じ、ある時期から主要な論考を英語で書いてきた井筒俊彦が、『意識と本質』を日本語で書いたのは、読み解く日本人の出現を期待したからだった。この著作は少なくともひとり、池田晶子という「哲学者」を生んだ。先の一文の終わりに、段落を改め、「最後に――。」と、池田はおもむろに内心を吐露し始める。

> 信仰をもたない私は、こんなこの世に在ってしまったそのことだけで、潰《つい》えかかる夜がある。**神はなぜ**、と私は問いたい、しかし答えがあるくらいなら誰が問いなどするだろう。**魂の高貴さ**、人はなぜこの魅惑的な言葉の響きを忘れることさえできるのか。愚劣だ、私は**ない神**を見上げる。するとそこにプラトン、星のように高く光るあれら人類の哲学者たち。そして睥睨《へいげい》するヘーゲルなど。**精神**を、さらにさらに高く精神性を掲げよ。やがてそれは滔々《とうとう》と立ち上がる光の

柱、高貴な魂たちの勝利と祝祭、そのとき雄々しい知性が断固として君臨するのを、私は見る。神であってもなくてもどっちでもいい、しかしそれは確かなことだ、なぜならそこには歓びの感情――。

（『意識と本質』を読む」）

「この世に在ってしまったそのことだけで、潰えかかる夜」、池田は、プラトンやヘーゲル、また「星のように高く光る」哲学者たちと共にある。「高貴な魂たちの勝利と祝祭、そのとき雄々しい知性が断固として君臨する」のをはっきりと目撃する。「死者」である彼らと共にあろうとする「哲学」という生があり得ることを、池田は『意識と本質』を通じて知る。

『意識と本質』は、池田晶子のいう「死者」たちの物語であり、「死者」に思われて現存する「生者」の物語でもある。そこに哲学の可能性を発見した彼女にとって、哲学とは、あるいは「考える」とは、文字通りの意味における死者との対話にほかならなかった。『意識と本質』の頁をめくり、彼女はそこに論じられた、あるいは論じられはしなかったがその背景にいる、無数の先行者を目撃する。

たとえばプラトンや、古代ギリシアの哲学者や、スフラワルディーをはじめとするイスラームの神秘哲学者、マラルメ、リルケ、芭蕉などの詩人、孔子、老子あるいは朱子ら東洋の哲人や、道元、宣長《のりなが》の姿がそこにある。

先の文章に続けて、池田はこう書いている。

私たちの知性は、その高潔さによって、あんなにも遠く高く行けるものであることを、私は井筒氏に教わったような気がするのです。信仰なき身として、これ以上の救いはなかったと、深く感謝致します。

これは池田晶子の、井筒俊彦への単なる頌歌《オマージュ》ではない。彼女は井筒俊彦を見ていない。彼女が見つめるのは、井筒が指差す彼方である。井筒は『意識と本質』の副題に、「東洋哲学の共時的構造化のために」と記した。彼にとっての「東洋」は、死者の国を包含する実在の世界であり、「共時的」とは、生者と死者の世界が交差する「永遠の今」に立つことを意味した。

無時間と非時間は違う。無時間は時間が無いことだが、非時間は、時間の彼方を意味する。私たちが死者と出会うのは、非時間の世界である。無時間的世界は時間の座標軸とは関係がないから、過去も未来もないが、今もない。しかし、非時間の境域には、過去も未来もあるが、それはいつも「今」に収斂する。共時性とは、非時間的現象の異名である。

時間の制限あるいは束縛を超えて生起する出来事を、共時性と呼んだのはユングである。また、ユングはその現象を「意味ある偶然」とも書いている。偶然とは、意味ある必然だと池田晶子は言った。

偶然、必然の違いは、それを経験する者の視座の差であるに過ぎない。ある者は、与えられた経験を偶然と認識するが、それを必然であると考える者もいる。呼び名に差こそあれ、共に避けがたい現象であると感じている点では、一致している。

井筒俊彦がもっとも強く影響を受けた、二十世紀ドイツの言語学者レオ・ヴァイスゲルバーが、「雑草」の一語をめぐって興味深い指摘をしている。「雑草」とは不要な植物の総称だが、要不要の決定は、それぞれの立場と状況によって大きく異なる。植物に関心のない人々にとっては、青々と土地を埋め尽くす草は不必要な植物に過ぎないが、私のようなハーブ商には、それは自然からの恩恵に感じられる。こう見るだけでも、人は与えられた言語によって生活している現実が浮き彫りになる。同じことを生と死、あるいは生者と死者をめぐって考えてみれば、私たちを束縛する根拠があまりに皮相的なことに驚くだろう。

現代は、死を論じる言語と人間であふれている。死への不安、死への恐怖を語ったことで、死を語ったとする論者があまりに多い。無への道程である死、万物を消滅させる死、どのような形容詞を重ねても、死は、生者にとっては「謎」であり続ける。死は、生者には知られ得ない。もし、それを知り得るとするなら、それを経験した死者を通じてのみである。しかし、数多《あまた》いる死を論じる者のうち、死者を通じて死にふれようとする試みは、どれほどあっただろう。また、池田晶子、井筒俊彦だけでなく、これからふれようとする死者との協同を明示した哲学者、文学者あるいは芸術家の営みを、字義通りの意味において受け止める努力をしてきただろうか。

震災は甚大な被害をもたらした。そこで死者となった人々もまた、「被災者」である。膨大な震災論のうち、死者を実在として論じたものがいくつあっただろう。死者は亡き者と同義であり、それを語る者は、現実逃避をしているのだとみなす風潮はないだろうか。

死者は天界の住人ではない。死者とは、あくまで現象界で生者に随伴する、不可視な他者の異名である。彼らは生死の区別のない実在の世界では、「死者」ではなく、別な名で呼ばれているだろう。万物が「存在」を分有されて存在しているのであれば、死者もまた、生者と同じく存在者なのである。

死者を身近に感じ、手を合わせて祈る。祈るばかりでは何も始まらない、という者があるかもしれない。しかし、祈りのないところに、いったい何を始めようとしているのだろうか。先にもふれたように、祈りとは生者の願望を表明することではない。沈黙し、存在の声を聞くことである。

死者を見出すために、私たちはまず、現代人が作り出した「比喩」の牢獄から、死者たちを解放しなくてはならない。死者は、生者の困難を語るときの比喩ではない。井筒はイスラームの神秘哲学者スフラワルディーにふれ、こう書いている。

経験的事物を主にして、その立場からものを見る常識的人間にとっては、質料性を欠く「比喩」は物質的事物の「似姿」であり、影のように儚《はかな》く頼りないものである。が、立場を変えて見れば、この影のような存在者が、実は、経験的世界に実在する事物よりも、もっと遥かに存在性の濃いものとして現われてくる。スフラワルディー——そして、より一般的に、シャマニズム、グノーシス、密教などの精神伝統を代表する人々――にとっては、我々のいわゆる現実世界の事物こそ、文字通り影のごとき存在者、影のまた影、にすぎない。存在性の真の重みは「比喩」の方にあるのだ。もしそうでないとしたら、「比喩」だけで構成されている、例えば、密教のマンダラ空間の、あの圧倒的な実在感をどう説明できるだろう。

この『意識と本質』の一節は、井筒俊彦が見た異界の光景を、もっとも端的に活写している。井筒はマンダラを、何かの表象として認識しているのではない。マンダラそのものが、「経験的世界」すなわち現象界における実在の顕われなのである。むしろ、マンダラは、人間の認識が作り出している現象界が、実在界の「似姿」に過ぎないことを明示する。

「あの圧倒的な実在感をどう説明できるだろう」との一節が告げるように、井筒俊彦の哲学も、池田と同じく「見る」ことから出発する。先の一節を読む池田晶子を想像してみる。胸の鼓動はいつもよりも早く、強く、彼女の肉体を揺さぶっただろう。

死者が実在であるとは、単に死者が存在することを意味するのではない。「死者の思い為しを生者は生きている」と池田が書いているように、人間の生が、死者の支えなしにはあり得ないのである。

だが、池田の言葉が、私たちに死者を探してはならないと告げることを、見過ごさないようにしよう。それは眼鏡をかけたまま、眼鏡を探すようなことになる。死者はいつも、私たちの傍らにいる。生者を守護することは、死者に託された神聖なる義務だと彼女は考えている。

死者が実在であるなら、その「似姿」とは生者の方である。スフラワルディー、井筒俊彦、池田晶子、彼らにとって、「死」とは終わりでないばかりか、人間が「似姿」から実在に変貌する道程だったとも言える。

もう一つ、スフラワルディーを論じる井筒俊彦の言葉を見てみよう。『意識と本質』における「東洋」は、地理的世界の「西洋」に対抗する概念であるだけでなく、存在次元を異にする精神的境域——池田の言葉を借りるなら、「異界」であるとの認識がはっきりと分かる。

彼〔スフラワルディー〕はたんなる天使の心象について語っているのではない。彼にとって、天使たちは実在する。天使は、我々の世界にではないが、存在の異次元、彼のいわゆる「東洋」、「黎明の光の国」に実在するのだ。

（『意識と本質』）

ここにある「天使」は、そのまま「死者」と置き換えてかまわない。『ドゥイノの悲歌』でリルケが謳うように、死者の守護は、天使の役目である。さらにいえば、死者が天使を要するから、天使は実在する。スフラワルディーは、顕現する死者をめぐって、こう書いている。

たとえば、夜、ある人がひとりで死者に出会う。そのとき、叡知はかれに恐れることはないと言うが、認識力は彼を戦慄させ、逃げるように命じるのである。

（『深紅の大天使』）

私たちが真に死者とまみえるのは、「認識力」すなわち五感の彼方、すなわち叡知の助けがいるとスフラワルディーは言う。死者の実在、生者と死者の出会いが、スフラワルディーの哲学の基盤をなしていることを、この一節から感じ取ることができる。だが、スフラワルディーが諫《いさ》めるのは、死者を前にしてもなお、認識の力、五感に頼ろうとする人間の態度である。死者は肉眼には見えない。認識において人間の五感が不完全であることは、動植物をみればつぶさに分かる。それぞれの生物は、人間を大きく上回る能力をもっている。

リルケはしばしば死者を謳う。しかし、リルケは交霊術を嫌った。死者は実在界の住人である。それを現象界に戻そうとすることは、存在の原理に反することだと、彼には思われた。私たちの肉眼は死者をとらえることはできないが、死者のまなざしを感じることはあるだろう。私たちの理性が死者を否むとしても、なお私たちに押し寄せる感覚がある。死者を思う、と私たちは感じているが、池田が言うように、私たちが死者に思われることによって存在するとしたら、私たちの経験する世界認識は、生者による偏見に過ぎなくなる。

だが、リルケによると、天使からすると生者と死者の区別はさほど重要ではないらしい。彼らは生者と死者の区別なく、魂を守護することを託されている。以下に引くのは『ドゥイノの悲歌』の一節である。

……そして死の国にはいっても
そこにはなおも労苦があり、それまでのおくれをとりもどす努力にみちている、
　時とともに死者たちは
ようやく多少の永遠にあずかるのみだ。――しかしあまりにも際立《きわだ》って区別する
　ことは
生けるものたちのつねにおかすあやまちだ。
天使たちは（言いつたえによれば）しばしば生者たちのあいだにあると、
死者たちのあいだにあるとの別に気づかぬという。永劫《えいごう》の流れは
生と死の両界をつらぬいて、あらゆる世代を拉《らっ》し、
それらすべてをその轟音《ごうおん》のうちに呑みこむのだ。

（手塚富雄訳）

「死の国にはいっても／そこにはなおも労苦があり」とあるように、死者は死者の役割で忙しい。死者も生者と同じく、魂の深化の途中なのである。その点においては、天使の眼には、死者・生者はほとんど区別がつかない。「しばしば生者たちのあいだにあると、／死者たちのあいだにあるとの別に」気がつかない。生死を強引な基準で

区分するのは生者であって、死者ではない。

「生と死の両界をつらぬ」き、「あらゆる世代」をたばねるよう、「それらすべてをその轟音のうちに呑みこ」みながら、そこに言葉の姿をそえることが、リルケの考える、詩人の使命である。それはあたかも完成された絵に額縁を重ねるような営みである。詩人は何も描かない。それを愛し、飾り、存在を顕わにするのである。

それがリルケにとっての詩であり、井筒俊彦と池田晶子にとっての哲学だった。「死者の思い為しを生者は生きている」、そう書くことで池田は、死者が生者を必要としているよりも、生者が死者なしにはあり得ないことを、言明しようとしている。絵は死者であり、額縁となるのは生者である。おそらく私たち生者の「絵」は、異界にあって死者たちによって飾られているのである。先の一節に続けてリルケはこう謳う。

つまりはこの夭折《ようせつ》の人々もやがてはもはやわれわれを必要とはしないのだ、
みどりごがいつしか母の乳房《ちぶさ》を離れて生《お》い育ってゆくように
死者たちもしずかに地上のとらわれから遠ざかる。しかしわれわれ、

> 大いなる秘義を必要とし、しばしば悲しみから
> よき進みへと踏み入るわれわれは――はたしてこれらの死者なしで在ることがで
> きようか？

死者たちは「しずかに地上のとらわれから遠ざか」り、「われわれを必要とはしな」くなる。リルケは生者と死者との訣別を告げようとしているのではない。「はたしてこれらの死者なしで在ることができようか？」と、死者を必要とするのは生者の側であることに、強く注意を促す。彼の眼には、死者は生者の弔いをひたすら待ちこがれる哀れな存在ではない。むしろ、死者は混迷する生者のために祈る主体である。その視座において、池田晶子とリルケは一致する。リルケは、井筒がもっとも愛した詩人のひとりである。

生者は、「しばしば悲しみから／よき進みへと踏み入る」。悲しみとは、死者が生者にむかって差し出す導きの手である。私たちは、死者を思い、悲しむことを恐れる必要はない。悲しみは言葉を奪い、時空を沈黙で満たす。悲しみとは死者が訪れる合図である。それは死者との対話が、言葉ではなく、むしろ沈黙の中で行われることを、

私たちに告げている。
『意識と本質』の雑誌連載の途中から、井筒俊彦は、言葉と「コトバ」の文字を使い分けた。また、「意識」ではなく心、さらには、「ココロ」と記すこともあった。彼は、「ココロ」の深まりと共に、世界は姿を変じるとも言う。

肉体という言葉があるように、魂という言葉がある。生者がいて、死者がいる。死者、この言葉は、死者もまた生者が存在するのとは別なあり方で実在するという、厳粛なる事実を私たちに教える。

言葉が何か対象を呼ぶ道具に過ぎないなら、そこに実在を伴わないとしても不思議ではない。確かに「丸い四角」は存在しない。しかし、私たちが日々対面しているのは、真実の「言葉」だろうか。

コトバ、それは何かを呼ぶ言語ではなく、混沌から意味を伴って顕われる。事物、事象、想念すらも、コトバが生む。井筒にとってのコトバは、言語としての言葉に留まらない。それは時に光、色であり、音、律動、あるいは空間として顕現することもある。

死者との邂逅のために、私たちはいくつかのコトバと出会い直さなくてはならない。それは、コトバを通じて死者と向き合うためではない。むしろ、死者はしばしばコトバの姿をまとって、私たちの世界に顕われるからである。

井筒俊彦のコトバを踏まえ、もう一度、池田晶子が見た異界の光景に戻ってみる。「そこで動いている住人について、「生きている」もしくは「生命」という言い方はできない」。ここで彼女が目撃したのは、光、色、音、律動、あるいは、それらを統合したコトバとしての実在ではなかったか。

死者に出会うことを望むなら、私たちは死とは逆の方向に行かなくてはならない。なぜなら、死者は死の彼方で新生しているからである。心、あるいはココロにも、その扉を開ける重要な鍵が潜んでいる。

ココロの中とは、私たちの記憶を意味するのではない。死者は、私たちの思い出ではない。ココロは、もう一つの世界である。私たちがふだん心と呼ぶもののなかに、世界があるのではない。私たちの眼前にあるこの世界が、無限のココロの内に存在する。ココロを知るとは、掘り下げる経験ではなく、私たちが何ものかに包まれている事実を自覚することである。

何かについて論じることと、何かを語ることはまったく別なことである。何かに「ついて」言うだけなら、それに直接ふれる必要はない。調べ、聞き書きすることで十分である。しかし、何ごとか「を」語ろうと思えば、どんなに少ないとしても、それにふれなくてはならない。また、ふれた、と言い得る経験がなければ、人は何かを語ろうとはしないだろう。むしろ、ふれた経験が語ることを促すのである。

文学の使命とは、何かに「ついて」論じることではない。何であれ、対象「を」語ることである。さらにいえば、何か「を」語るものは、すべて文学だともいえる。

何か「を」語ることができるのは、いつも言葉ではなくコトバである。座して煩悶する人間を立ち上がらせるのは、コトバであって、心なき言葉が他者を真に動かすことはないのは当然である。私たちは言葉の彼方に、コトバを探さなくてはならない。

近代医療が人間の肉体を物質的に扱うことに終始していても、私たちのからだは、心と呼ばれる無形な何かと離れることはない。肉体を解析することは人間についての知識を増やすことに貢献しているが、それは人間が何であるかを知ることと同じではない。私たちの存在は、レントゲンなどの放射線では映し出せない何かによっても支えられている。怒りは血圧を上げ、医学はそれを鎮めるが、その人物が何に向かって怒っているのかを知らない。心身と同じように言葉もまた、不可視、不可触な実在から決して遊離しない。

コトバとココロは、私たちと死者をつなぐ二つの道である。コトバは、冥界から死者を呼び出し、ココロは、死者の国を映し出す。言葉は生者間にのみ有効な何かだが、コトバは生者と死者をもつなぐ不可視な有機体である。精神は分析の対象になり得るかもしれないが、ココロは生者と死者をつなぐばかりか、その彼方へと導こうとする。

池田晶子は、コトバから決して眼を離さなかった。むしろ、彼女はコトバに見入られていることを常に自覚していた。以下に見るように、彼女が言葉と書くときは、いつもコトバを意味している。

死の床にある人、絶望の底にある人を救うことができるのは、医療ではなくて言葉である。宗教でもなくて、言葉である。

（『あたりまえなことばかり』）

ここに、「死者と交通するのも言葉である」、そう加えても、池田は拒んだりはしないだろう。彼女は「死」を論じない。むしろ、肉体の終わりをもって死とする現代の認識を盲目的に受け入れてよいのか、人間は本当の意味で死に得るのか、と問うのである。

三

没後に出会うということ

ある編集者と小林秀雄をめぐって話をしていた。すると突然、彼女は思い出したように、小林秀雄論は売れないそうですね、と言った。そんなことはない、と話しかけて、確かにそうかもしれないと思い直した。

小林秀雄論は実に多い。今も、毎年、新しい本が出続けている。論者の多くは小林秀雄に迫り、その内心を探ろうとする。評価するにせよ、批判するにせよ、その態度は変わらない。彼らは、小林秀雄を見つめ、眼を離さない。

まったく違う態度で小林秀雄論を書く人もいる。池田晶子はその好例である。彼女の小林への敬愛は深く、そこには、せっかちな読者には冷静を欠くと思われるほど、熱情ある言葉が連なっている。しかし、熱風地帯を通り過ぎ、ゆっくり読み進めると、彼女の視座が小林秀雄に据えられていないことに気がつき、驚く。読者に差し出されるのは、小林ではなく、その彼方に広がる風景である。「この人が見ているその先にあるもの、を、私もまたこの人の目を通して見る」と彼女は書いている。

彼女は、小林秀雄が見た異界の光景に自らも参入しようとするだけでなく、読者もまた異界の風景にふれ得なければ、あえて小林秀雄を読み、論じる意味があるだろうか、と問いかけるのである。ここでの「この人」が、単に小林秀雄を意味しないのは、「私」の指すのも池田本人ではないのと同じである。次に引くのは「小林秀雄への手紙」第二信にある一節である。

私はよく貴方の文章を読み進みながら、来るべき言葉が今に来るぞと、待ち構えているような自分の気持ちに気づくことがあるのです。今度もそうでした。知っていたような気がするのです、そういう言葉がそこに控えていたことを。貴方の言葉は、真正面から歩いてきて、当たり前のように、すとんと私の中に落ちました。

〈あの経験が私に対して過ぎ去って再び還らないのなら、私の一生という私の経験の総和は何に対して過ぎ去るのだろう〉

あるいは、そう呟いたことがあったのは、いつの日かの私だったのかもしれないし、全然別の誰かだったのかもしれない。いずれにしても、私たちの今生というものは変わらずに、誰のものでもなくまた誰にも向けようのない、こういった呟きで満ち満ちているように思われます。

（『メタフィジカル・パンチ』）

「私が学校を卒業した春、貴方は亡き人となった。一度、お会いしたかった」ともあるように、実際、池田が小林秀雄に面会したことはない。彼女の手紙は、死者へのたよりである。何かを賭すように死者にむかって手紙を書く態度は、記された文字に劣らぬコトバとなって、読む者を動かす。この形式が池田にとっての必然だった。受け取り手の定まらない手紙ではないのである。

鎌倉時代の僧、明恵《みょうえ》は、夢に出てきた犬や実在する島にむかって手紙を書いた。心持ちは同じだろう。平田篤胤《ひらたあつたね》が本居宣長《もとおりのりなが》に「会った」のは、師の没後である。篤胤は宣長の書を読み、この人をおいて師事するべき人物はいないと思いを募らせ、入門を申し出てもいたが、入門を果たす前に宣長は亡くなる。それが年譜上の事実である。しかし、二人の師弟関係はもう少し複雑な経緯をたどる。

宣長の没後、篤胤は夢で宣長に会う。篤胤は宣長に一門に連なることを懇願し、許される。篤胤にはこれが絶対的な経験だった。単なる夢に過ぎないと笑う者には、明恵の手紙も愚行に映り、池田晶子の「手紙」にも何かの比喩を読みとろうとするのかもしれない。だが、篤胤には字義通りの「面会」だっただけでなく、むしろ没後だったがゆえに、表層的な形式を排した、いっそう深長な出来事だったのである。

のちに篤胤を宣長没後の門人として正式に迎え入れたのは、本居大平《おおひら》である。大平は、十三歳で宣長の門下に入り、宣長が亡くなる二年前に養子となり、師の後継者となった。大平は、自分が宣長に出会ったように、篤胤の「面会」を認める。

ここにあるのは、単なる儀礼ではない。死者との面会、あるいは死者からの教授という実体験である。対面したことがあるからといって、「会った」ことにはならない。会うとは、単に肉体で感じ得る経験に留まらない、魂が交差することではないのか。むしろ、魂がふれ合えば、それは没後であったとしても、会うことはできる。

本を手に、頁をめくれば本が読めると思うのは、言葉を交わせばその人が分かると思うのと同じく、傲慢なことであるのかもしれない。「読む」ことにふれ、小林はこう書いている。「読書に習熟するとは、耳を使わずに話を聞く事であり、文字を書くとは、声を出さずに語る事である」（『本居宣長』）。「読む」とは単に知解することではなく、作者に面会し、その人物の奥にある言葉とふれ合うことだというのである。

私たちは、本当に他者を理解したいと願うとき、まず、自らが胸襟《きょうきん》を開きつつ、相手が迎え入れてくれるのを待たなくてはならない。それは死者との関係においても同じである。このとき、待つことはもっとも積極的な営みとなる。対話する著者を追いながら、待ちくたびれて、もう会うことはないのかと思われるとき、その者は前方ではなく、私たちの少し後方にいて、私たちから目を離さない。分からない、そう悩みながらも、何とか分かりたいと頁を繰《く》る者を、書物が冷遇することはない。森は深い。しかし、道はあって、導者もまたいるのである。

「古典の中には、「話せる相手」は、いくらでも見出せました。いえ、その意味では、すべての天才が遍《あまね》く私の対話相手だと言える」（「小林秀雄 様」）という池田にとって、「読む」とは、著者に相見することにほかならなかった。「貴方の言葉は、真正面から歩いてきて」とあるように、彼女が小林秀雄に「会った」ことは疑い得ない。池田は自らの経験にあくまで忠実に、「小林秀雄への手紙」を書いた。彼女は本を開き、自分の目の前に立ち現われる小林秀雄の「声」を聞き、文字で内心を「語った」のである。

真摯な読みが実現するとき、同質の出来事はどこででも起こり得る。没後七十七年を経て、一九九三年、岩波書店から「新しい」漱石全集の刊行が始まった。この全集では、でき得る限り草稿にさかのぼって、検証、校閲が行われている。

編纂に当たった秋山豊に、漱石論『漱石という生き方』がある。編纂が無私の精神によって貫かれたとき、それは一種の「批評」となる。もしくは「批評」に内在する創造性を発揮する、とも言えるのだが、秋山の文章を読みながら感じたのは、もう少し生々しい体験にまつわることである。

彼は、その冒頭で近年の漱石論に感じる危惧を語った。論者たちは対象への敬意を忘れ、漱石を「踏み台にし」、あるいは「自らの識見をひけらかす」ために書かれたものも少なくないと嘆く。もちろん秋山は、漱石を敬服し、崇めなくてはならないなどと愚かなことを訴えているのではない。もし、自分の文章を漱石が読むとしたら、さらにいえば、書いているそばで、漱石がそれを読んでいるとしたら、あなたは同じ文章を書くだろうかと問うのである。そうでなければ、この一節を含む一頁半ほどの短い章に、わざわざ「声を聞く」という題名がつけられることはなかっただろう。

秋山は漱石論を書くときだけでなく、全集を編纂した当時もまた、漱石の「声」を聞きながら、仕事を進めたのではなかったか。彼の言葉を読むと、全集は編纂者と、著者漱石の協同のもとに生まれたことが分かる。私は秋山が、あるときは漱石を「見た」、と書いたとしても、それに疑義をさしはさむことがないばかりか、文学の秘儀が今も生きていることに、強く動かされるのである。文学の秘儀とは異次元の融通にほかならない。また、その機会が万人に開かれていることを明示することである。池田晶子は、小林秀雄に熱い言葉を送る、その一方で、先の「書簡」から十年後に書かれた小林秀雄論『新・考えるヒント』で、「今回こんな試みを無謀にも試みて、初めて気がついた」とも書いている。

死者の声はいつも私たちを驚かす。その度ごとに私たちは、死者や世界ばかりか自分までもが見えていなかったことを知らされる。彼女の小林秀雄論には、いつも無知の告白が潜んでいる。その声が経験の深さを示す。

たとえ長く知りあっていたとしても、私はあなたが分かると語り始める人の言葉を、私たちは信用するだろうか。自分は何も見ていなかった、あなたのことを何も分かっていなかったと心から告白することなく、真の関係が構築されないのは、生者間だけでなく、死者との間でも同じである。

死者に出会う。あなたはその姿を見て、思い浮かべていた姿とのあまりに大きな違いに驚くだろう。きっと、自分はあなたの何も見ていなかった、と死者にむかって言うことになるだろう。ソクラテスが「無知の知」を言うのは、処世のためではない。

その真実の認識が、生者と死者をつなぎ、冥界への扉を開くのである。無知の告白とは祈りである。あなたの祈りを受け入れ、供物と化して、存在の彼方に送り届けるのも死者たちである。生者の祈りを運ぶのは、死者の誇りに違いない。

好きになることと信じることはまったく違う。愛に近づくのは、後者である。誰かを好きなときには、その人物を好きなように見ている。だが、信じることは好悪の彼方に生まれる。好きなとき、人は裏切られるのではないかといつも不安にかられている。また、自分の思いを超える出来事には反発し、もしくはそこに秘められている不思議にはなかなか気がつかない。『新・考えるヒント』の終わりにある同名の「小林秀雄への手紙」で、彼女はこう書いている。

ちょっと妙な感じになってきました。なんというのか、変なたとえですが、おそらくは、長年連れ添った夫婦みたいな感情です。いかに熱烈な恋愛から結婚した夫婦でも、連れ添って何十年にもなれば、そういう感じにもなりましょう。何を言いたいのかは、言う前からわかる。「この人のことですから」。

夫婦の関係がそうであるように、このとき信じることと忍耐は、ほとんど同義である。「全的な信頼を抱かずに始められる批評などというものを、私は全然信用できません」と池田は書く。「全的な信頼」とは、姿が見えなくても臨在を見失わない深みから湧き上がる思いである。

死者の姿は見えない。しかし、死者は寄り添うように私たちの近くにいる。たとえ、暗くて先が見えないようなときであったとしても、光が無ければ闇は存在し得ないことを忘れずにいよう。空が曇って、太陽が見えない。だからといって、太陽が消えたわけではないのである。

最初の「小林秀雄への手紙」から数えて十六年後に書かれた、最後の書簡「小林秀雄様」に、池田晶子はこう記している。

貴方の試みが同時代において孤高であったように、私の闘いも孤立無援でありま す。〔中略〕でも私は、これをするよりほかすることがないのですから、これをするよりほかないのですよ。おわかりですよね。いつか、貴方を唸らせるような、凄い作品をものしてみせます。

（『人間自身　考えることに終わりなく』）

小林を唸らせてみせる、と文字を綴りながら、彼女は一方で肉体の終焉を感じている。作品を「ものしてみせます」とあるが、「書く」とはどこにも記されていない。発表された翌月、彼女は逝った。

死者を唸らせる作品を「ものす」には、必ずしも肉体は必要ない、読者はそれを信じてくれるだろうか、と彼女は私たち読者に問いかける。「私の闘いも孤立無援」だと、臨終の床で書かねばならないほどの絶壁で池田の仕事がなされていたことを、もう一度考えてみよう。彼女を想い出すためだけでなく、私たちも、それと闘うために、である。

池田晶子の文章、ことに小林秀雄論にある言葉は、しばしば、前ふれなく読者を異界の門前へと連れて行く。そこから先に進むか否かを決めるのは読者である。しかし、門の向こうの風景を見た者は、実在界などない、と言うことはできない。池田の言葉はいつも、コーランの一節を思い起こさせる。「しかと己れの目で見たものをなんで心が詐《いつわ》れるものか」（「星」）。

二〇〇七年三月二日、インターネットで池田晶子の死去を知った。亡くなったのは二月二十三日で、記事には関係者のみでの葬儀を済ませたとあった。そのときの印象は今も鮮明である。驚き、激しい悲しみを覚える一方で、以前から、その日のことを告げられていたようにも思われたからである。

池田晶子が明確に宿痾《しゅくあ》を意識したのは三十歳のときだった。逝ったのは四十六歳。処女作が出版されたとき、彼女は三十歳だった。彼女は、書き始めてほんの数年で、病を背負ったことになる。もちろん、彼女の死去を知ったとき、私はそのことを知らない。彼女の近くで接したある人物を通じて、その事実を聞かされたのは、没後三年してからである。だが、病のことを知ったときも、私は、「知っていた」との思いを拭い去ることができなかった。

つじつまが合わないことは、もちろん分かっている。だが、彼女の死と死後に接した私の心持ちを正直に書くとそうなる。読者を混乱させるつもりはない。ただ、先に引いた一文を読み返し、「今度もそうでした。知っていたような気がするのです」との池田の言葉が、あたかも自分が池田に向かって発したかのように思われ、「謎」が折り重なる偶然に驚かされているのである。

言葉があることに比べれば、誰が発したかは、二義的な問題に過ぎないのかもしれない。世界は「誰のものでもなくまた誰にも向けようのない、こういった呟きで満ちて」いて、それらの言葉は、池田の言うように「いつの日かの私だったのかもしれないし、全然別の誰かだった」のかもしれないのである。むしろ、生きるとは、無記名の言葉のなかに生かされている己れを発見する歩みなのだろう。

そうした言葉を日本の歴史に追ったのが本居宣長である。宣長が『古事記伝』を書くまで、『古事記』を読むことはできなかった。宣長は『古事記』を前に、文字が生まれる以前の時空に分け入り、それを読み解こうとする。宣長が、『古事記』を頼りに探していたのは古人《いにしえびと》たちである。かつてこの世に生きて、日本の歴史を記録した人々に会うこと、それが彼にとっての学問の道だった。

「宣長は、言霊という言葉を持ち出した時、それは、人々の肉声に乗って幸わったという事を、誰よりも、深く見ていた」と小林秀雄は『本居宣長』に書いている。

文字が無くても、言霊と人間の関係に支障はなかった。むしろ、「呟きで満ち満ちて」いる世界では、言葉である「霊」は、今よりもいっそうはっきりと、その存在を人に感知されていた。先の一節に、小林はこう続けている。

情《ココロ》の動きに直結する肉声の持つニュアンスは、極めて微妙なもので、話す当人の手にも負えぬ、少くとも思い通りにはならぬものであり、それが、語られる言葉の意味に他ならないなら、言葉という物を、そのような、「たましひ」を持って生きている生き物と観ずるのは、まことに自然な事だったのである。

（『本居宣長』）

よきにつけ悪しきにつけ、話される言葉が、「話す当人の手にも負えぬ、少くとも思い通りにはならぬもの」であることは、私たちも日々経験している。話しているのは自分ではないと思いながらも、会話を続けたことはないだろうか。誰かの話を聞きながら、話しているのは違う人である、そう感じたことはないだろうか。

発話のときも、言葉を受けるときも、私はしばしばそうした光景に遭遇してきた。友人や同僚、仕事仲間、あるいは伴侶からも、私は賢者の言葉を耳にしたことがある。そのときはきまって、発言者の後ろに死者を感じる。彼らを守護し、忠言する死者を感じる。言葉は私に向けられているだけではない。発している本人もまた、自分の口から出る言葉を聞き、驚きながら話しているのである。言葉は意のままにならない。だからこそ、私たちはときおり、自らの意図によってではなく、存在の実相あるいは自らの生命の秘密を語り得るのである。誰にではなく、何を言われたかを考えよと、ある中世の修道士が書き残している背後にも、言葉の秘儀にふれた経験があるのだろう。

死者は決して裁かず、中傷しない。ただ忠言する。裁きの言語の後ろには、行方を失った恨みが渦巻いている。しかし、忠言はいつも無私からしか生まれない。死者の言葉がしばしば耳に痛いのは、そのためである。

死者はコトバである。それは言葉であり、色、光、音、香り、あるいは律動でもあるだろう。コトバとは実在が意味をまとった存在であって、狭義の言語とは異なることは先にふれた。それは、先の小林の文章にあった「たましひ」に限りなく接近している。「たましひ」は人間に、いつも異界のあることを思い出させる。その記憶が言霊という表現を想起させる。言霊とは、言葉に魂があることを説明するために、誰かが発明した表現ではない。言葉には「たましひ」があることを想い出したとき、人は言霊という実在があることに気がつくのである。

それは古い言葉である。詩人の役割とは、言葉の洪水のなかから古い言葉を救いあげることにほかならない。ここでいう詩人とは、単に詩を作る者の呼び名ではない。

人は誰もが詩人になり得る。沈黙のうちに死者のコトバに耳を傾けるだけでよいのである。詩人とは言葉を使う者ではない。コトバに用いられる者である。

死者からの忠言は、いつも受け取る者には耐えがたい。しかし、それを拒むのは、抱擁しようとする手をはねのけるのに似ている。愛のないところに忠言は生まれないことを、忘れずにいよう。

言霊とは、言葉に存在する「たましひ」の部分ではない。「たましひ」である言葉、あるいは言葉である「たましひ」である。「言霊」は私たちを存在の深み、意味の深みへと導く。さらにいえば、世界は「言霊」のなかにあることを開示する。

文字の誕生は、言葉に新しい次元を開いたが、話すことの役割が、書くこと、読むことにも転化したことを意味している。そこにも同質の秘儀と混乱は付きまとう。文字は「言霊」を定着させるために用いられた。死者への手紙とは、言霊による交わりにほかならない。

先に井筒俊彦において、コトバとココロが不可分でありながら不可同であることを見た。宣長論で小林が書く、あるいは宣長のいう「情《ココロ》」は、井筒のココロにほとんど重なり合うほど接近している。小林秀雄の言葉もまた、井筒俊彦のコトバに接近する。

小林の主著『本居宣長』には五十の章立てはあるが、目次がない。それは、井筒俊彦の主著『意識と本質』も同じである。作者は目次を書けない。論の行方を、作者は知らないからである。展開を導くのは主題で、走るのは心／ココロであり、また言葉／コトバなのである。

何の準備もいらない。『本居宣長』あるいは『意識と本質』を開く。ただ、そこに書いた本人が待っていると信じればよいのである。文字をコトバに変じるのは読者の役割である。光である死者を実在に変えるのが、生者の役割であるように。

小林や井筒にとって、ココロとは、人間の意識の活動ではなく、人間のみならず存在世界を包み込む、真なる実在である。真実の、あるいは究極の実在を「真実在」と呼ぶ。ココロは真実在である。

池田晶子は『14歳からの哲学』で、中学三年生にこう語りかけた。「体のどこかに心があるのではなくて、心がすべてとしてあるんだ。君の心が、人生のすべてをそんなふうにしているんだ」

私たちの内部に「心」がある、常識はそう教える。しかし実相はまったく逆で、「心」とは万物を包み込む真実在の異名だというのである。死者は私たちの心のなかに生きている、とはしばしば目にし、聞く言葉である。だが池田は、心のなかにいるのは死者たちだけでなく、私たち生者も変わらない、と言う。もう一つ、心にふれる彼女の言葉を引いておきたい。

私の中に心があるのではない、心の中に私があるのだとは、ユングも行き着いた壮大な逆説である。

（『あたりまえなことばかり』）

心をめぐって発せられる池田晶子の言葉に、小林秀雄や井筒俊彦との類似を見るに留まってはならない。彼女は経験したことしか語らなかった。彼女にとって、考えることと生きることは同義だった。彼女の言葉は、それが万人に開かれた道であることを示している。生涯は、その明白な証しだったといってよい。

先に見た「小林秀雄への手紙」に引用されていた一節、「あの経験が私に対して過ぎ去って再び還らないのなら、私の一生という私の経験の総和は何に対して過ぎ去るのだろう」は、小林秀雄のベルクソン論『感想』の第一章にある。池田晶子の『メタフィジカル・パンチ』には二つの「小林秀雄への手紙」が収められているが、その第二信は『感想』論だといってよい。

五年間、五十六回の連載を続けたあと、小林はこの作品の刊行を禁じた。手軽に読めるようになったのは、二〇〇一年に刊行がはじまった第五次『小林秀雄全集』に、別巻として収録されて以降である。それまでは、読みたい者は図書館へいって探すしかなかった。池田も例外ではない。図書館に出向き、色の変わった掲載誌をめくり、五十余回の連載をすべてコピーした。

だが、彼女は中ごろを過ぎたあたりまで来ると、読み進めるのを止めてしまう。「延々と続く味気ない文章、まあこんなものがあったのかしらと、失礼ですが、ちょっと驚いてしまいました。意外でした」と池田は書いている。

『感想』は、長く掘り続けられた鉱脈のような作品である。壁面に光る希少な鉱石のごとき一節も少なくない。しかし、その先に来るべき光景は、小林が意図したものではなかった。そのことを最初に発見したのは小林自身だったのである。刊行禁止はその意思の現われである。

しかし、先の言葉があった第一章だけは別で、ここに五年以上にわたって書かれた「未完の習作」の核心がある、と池田も格別の意味を認めている。第一章は、小林の生前から、続く文章とは別の扱いを受けてきた。全体を単行本にすることは拒んだ小林も、この章だけはエッセイ集に入れることを承諾した。

そこで小林は、二つの奇妙な出来事にふれている。一つ目は「蛍」の話、もう一つは命拾いに関する出来事である。

母親が亡くなって数日後、蠟燭がなくなり、小林は買い物に出かける。そこで、大きな蛍を見る。しかし、そのとき彼の心を貫いたのは、別な思いだった。率直に書くと「おっかさんという蛍が飛んでいた」となる、と小林は書いている。もう一つ、酒豪でもあった小林は、ある日泥酔して、十メートルほどの高さのある水道橋駅のホームから落ちる。前の週に同じく落ちた男は即死だった。しかし、小林は大きな怪我もせずに助かる。そのとき、たしかに助けてくれたのは亡き母親だったことが「はっきりした」、と書いている。

小林は、母親が蛍になったのではない、「おっかさんという蛍が飛んでいた」という深い実感だけがあったのだ、と強調する。死者である母親による救命を説明することはできないが、それは疑いようのない「はっきり」した出来事だった、というのである。

『感想』の初回、それは小林秀雄の死者論にほかならない。「それは、以後、私の書いたものの、少くとも努力して書いた凡《すべ》てのものの、私が露《あらわ》には扱う力のなかった真のテーマと言ってもよい」とも述べている。蛍になった母親を見たのでなければ、彼が見たものは一体何なのか。命を救ったのが母親であることに、言葉の実在を付与することができなければ、これまで自分はいったい何を書いてきたのか、と自らに問い返すのである。

説明できないことと、その出来事の真偽はまったく関係がない。死者との経験を他者に語り得ないとしても、その真実性が失われることはない。小林秀雄もそのことはよく分かっている。『感想』が書かれたのは、母親の死から十二年後である。その初めに彼は「誰にも話したくはなかったし、話した事はない」とも書いている。なぜ、彼は語り始めたのか。

死者を語るとき、池田も小林も「私」の経験から語り始める。もちろん単に私の経験を語るためではない。経験がそれを促すからである。死者論とは、文字通り死者とその実在を論じることであって、死者を経験した人間の告白に留まることではない。そのことはもちろん、小林にも了解されていた。彼は渦巻く思いを鎮め、私の経験を「無私」の次元へと昇華するために、五年間、五十六回の連載を続けたのである。

これまでいくつもの『感想』論が書かれた。そのほとんどは、神秘を体験する小林秀雄を論じる。そうして死者を感じる小林を見るが、死者を見ない。死者の向こうにある風景に言及しない。死者の彼方、そこで私たちは、一個の私から無私の「私」に変貌する。以下の、池田の「小林秀雄への手紙」の一節にも、私が「私」になる実相をかいま見ることができるだろう。

年齢のせいというよりも、一人称の謎を、謎としてはっきり見究めてから、これもおかしな言い方ですが、「私の無私」の扱い方に習熟してきたようなのです。頃たとえば、対象をうんと傍まで招き寄せておいて勝手に動きまわるにまかせ、頃合いを見てそうっと乗り移り、対象自身の流れに乗ってずっと先まで行ってみるといったような。思わず遠くまで行けて、なるほどと思うほどよく見えることがあります。だからどうというわけではありませんが。客観も宇宙も様々なる人生も、みんなおんなじ夢まぼろしです。私は、もうずっと余生を生きているような気がしています。

（『メタフィジカル・パンチ』）

実在にふれるとき、人は、私でありながら、「無私」となる。私は私でありながら、「私の無私」となる。「私の無私」、それは死者たちの日常にほかならない。小林はしばしば、「批評トハ無私ヲ得ントスル道デアル」と書いた。哲学の祖プラトンは、哲学とは死の修練、すなわち死者への準備だといった。死者、それは自分のためだけに生きることを完全に脱した人間の呼び名である。生きているうちに限りなくその境涯に接近した人を、聖者と称することもある。

池田がいう「余生」もまた、すでに自分のためだけに生きることの不可能性を熟知した者から見た、人生の実相に違いない。彼女にとって、無私の「習熟」とは、時機を待つことでもあるだろう。死者との関係において、待つことほど貴い営みはない。そこには信じることも、愛することも、また希望も祈りもあるからである。日常を生き、死者と出会う日を、ただひたすらに待つ。その営みが死者を祝福するのである。待つとは何もしないことではない。何かを積み重ねるように日常を生きることである。

四

冥府の青

池田晶子は、小林秀雄の『感想』にふれ、これを『近代絵画』と『本居宣長』の間に置くと、書かれなくてはならなかった理由が「なるほどと深く納得される」と書いている。彼女によれば、『感想』の第一章は、いわば『近代絵画』のあとがきであり、『本居宣長』の序文、あるいは『近代絵画』の内実は死者論への導入であり、『本居宣長』はその結語ということになるのだろう。だが、そういっただけで、彼女はそれ以上、『近代絵画』に言及していない。

『近代絵画』は、印象派の絵画が詩と音楽と結びつき、五感の彼方、異界への窓を開いたことを論じた秀作だが、最終章「ピカソ」では、主題は冥府に収斂《しゅうれん》され、筆致も、それまでとは異なっている。以下に引くのは、ピカソ論の終わり、すなわち、この著作の結語近くにある一節である。

フロイトが、「夢判断」の冒頭にかかげた「天上の神々を動かし得ずば、冥界《めいかい》を動かさん」という文句は、ユングに言わせれば、現代開幕の合図の如きものである。意識界の様々な偶像や諸価値が崩壊し、その胡散臭《うさんくさ》い内部背景が暴《あば》かれる。前に触れた、彼の「ピカソ論」も、そういう立場から書かれた。

フロイトが『夢判断』（あるいは『夢解釈』）の冒頭に引いた一節は、古代ローマの詩人ウェルギリウスの叙事詩『アエネーイス』にある。『アエネーイス』は、来たるローマの礎を築いた英雄アエネーイスの生涯を謳った英雄叙事詩だが、そこで主人公は、死者である父親アンキーセスに守護を求め、こう呼びかける。「ご機嫌よう、神聖なる父よ。重ねて、ご機嫌よう、救い出されたことも／無益に終わった父の灰と魂と霊よ」。劇中、アエネーイスが死者に協同をもとめ、話しかける様子は、生者に呼びかけるがごとく自然である。そして詩劇の先には、こう謳われている。

アエネーアスはぶどう酒を椀から注いで魂を呼んだ。

大いなるアンキーセスの魂とアケロン〔冥界〕から解き放たれた霊魂たちであった。
仲間たちもまた喜々として、それぞれが手に持つものを
供物として捧げる。

（第五歌　岡道男・高橋宏幸訳）

この一節からだけでも、古代人がいかに死者を畏れ、その役割に重きを置いていたかは、十分に感じ得る。彼らにとって、生きるということは、死者と共に在ることだった。ぶどう酒を片手に呼びかけると、父親の魂だけでなく、「冥界《アケロン》」から解放された死者たちの霊魂も立ち現われる。「仲間たち」とは、アエネーイスと共に闘う兵士たちである。彼らが「喜々として、それぞれが手に持つものを」捧げたとの描写からも、魂の顕現は、アエネーイスだけでなく、周囲の人々にも等しく経験されていることが分かる。

『アエネーイス』を読むフロイトを想像する。彼は、これを単なる寓話だとは思っていない。長編の詩編が生まれなくてはならなかった、魂の伝統に招かれていることを感じただろう。「神話《ミュートス》」とは、実在が顕われるとき、人間に合わせてまとう衣である。フロイトの眼は、衣裳の下に本当の姿が隠されていることを見逃さない。

意識は動く。しかし、それを司るのが「無意識」――無「意識」と書いた方がフロイトが感じた実相に近いかもしれない――であることを言う彼の言葉は、どんな小さな発言でも、時代への挑戦となった。フロイトが現われるまで、人間の意識は因習に束縛され、身動きがとれなくなっていた。その呪縛から意識を解放し、本来の働きに光を当てること、それが、学問として深層心理学を樹《た》たせようとしたフロイトの悲願だったといってよい。そのとき、もし天上の神々が助力を惜しむのなら、自分は死者に助けを願い出る、神々は沈黙しても、死者たちは必ず応えてくれることを、フロイトは確信していた。その姿は、父親の魂を呼び出し、助力を乞うアエネーイスにそのままつながる。フロイトにも、死者は実在だった。

その闘いは、たしかに何者かに奪われた土地を取り戻し、ふたたび平和に暮らす礎をつくる営みに似て、『アエネーイス』を思わせる。

「天上の神々を動かし得ずば、冥界を動かさん」の一節に現代の幕開けを見たユングは、フロイトの高弟である。ある出来事を境に二人は訣別することになるが、フロイトに真に動かされ、その真意を最初に理解したのはユングである。

実在を異なる側面から見た二人が、意見を異にするのは避けられない。それが学問の上で行われるとき、二つの潮流が生まれるのは必然である。しかしそれは、二人がともに実在にふれていることの証しでもある。もし、どちらかが存在の深層にふれていなければ、互いに認め合うこともなかっただろうし、衝突も生まれはしなかっただろう。異なる階層にいる者同士が、どうして交わることができようか。

小林は、『近代絵画』の後もしばしばユングにふれた。遺作となった作品「正宗白鳥の作について」でも、最後にふれられたのはユングだった。小林にとってユングは、深層心理学者である前に、冥府の「見者」だった。深層心理学が誕生する、すると不可視な何かに押されるように、「意識界の様々な偶像や諸価値が崩壊し、その胡散臭い内部背景が暴かれ」始めた。「意識界」、そこは私たちが、死者をはじめとする実在界の住人と交わる場所である。

意識は無媒介に世界と人間をつなぐ。フロイトとユングにとって「世界」とは、これまで見た現象界の領域ではなく、死者を包含し、時間と永遠が交差する境域である。そこには、いかなる宗教、思想、また科学が前提となる必要もない。それらは一種の通路に過ぎない。当然ながら、ユングの登場に猛烈に抵抗したのは、伝統的な宗教者たちであり、科学者たちだった。

意識の自由を疎外する因習、その両極には科学と宗教がある。前者は、死者の存在そのものを否定する。後者は死者の存在を認めるが、生者が死者と出会うのは宗教の門を通じてのみだと説く。ユングが試みたのは、死者を冥府に幽閉した因習的世界の解体であり、死者たちの「解放」だった。もちろん、真に解放されなくてはならないのは、生者の方である。目をつぶっているのは死者ではなく、生者である。

小林はユングのピカソ論に注目する。ユングはピカソの「青の時代」に言及し、この画家にとって「青」とは、すなわち冥府の色だと述べている。この言葉を受け、小林は、ドストエフスキーの『地下室の手記』、『貧しき人々』、さらに『虐げられた人々』にも同じ色を見ると続けた。小林秀雄はドストエフスキー論を途中で止めている。その理由を、キリスト教が解らなかったからだと岡潔との対談で語っているが、それはキリスト教が、死者をどう考えているか解らなくなったからだ、と受け取った方がよいのかもしれない。小林がドストエフスキー論のあとに書いたのは、『ゴッホの手紙』である。小林にとってゴッホとは、教会を追放されながらも、ひたすらキリストを追い求めた男である。小林が疑問を抱いたのは、イエスの生涯に対してではなく、宗教としての「キリスト教」ではなかったか。

孔子にふれ、小林は「彼は宗教的教義を持っていなかったが、はっきりした宗教的経験は持っていた」（「生と死」）と書いている。ランボーはもちろん、ゴッホ、ベルクソン、宣長、ピカソ、ドストエフスキーに対しても、小林は同じ感触を抱いていただろう。この一文は、小林が正面から論じたすべての人に当てはまる。教養はないが、経験はある、と彼が発言したのは、講演「生と死」においてである。この講演で彼は、率直に自らの死者の体験を語った。

若い頃、生死について考え、死んでしまいたいと思い詰めたこともあった、しかし、今はもう死をそうした問題として考えることはできなくなったと言い、こう続ける。

〔死は〕言わば、手応《てごた》えのある姿をしています。先だっても、片附けものをしていたら、昔、友達と一緒に写した写真が出て来た。六人のうち、四人はもういないのだな、と私は独り言を言います。その姿が見えるからです。

「その姿が見えるから」独り言をいう、そう言われても分かりにくいかもしれない。このとき、小林に見えているのは、写真に写る画像ではない。彼の前に顕われる死者たちの面影である。故人となった友人たちの臨在がありありと感じられるから、自ずと言葉がもれる、と小林は言うのである。

春、独りで花を咲かせる桜を見る。私たちは思わず、綺麗だと言葉をもらす。言葉にせずとも花が優美であることは分かっている。しかし、何かに語りかけるように言葉は口をつく。なぜ、言葉にするのか。誰に向かって言葉を発するのか。

「独り言を言います。その姿が見えるからです」と小林は言う。言葉の先にいるのは自分を守護する死者だ、と小林は考えている。私たちは知らず死者に語りかける。思い当たる経験はないだろうか。

感動的な出来事に遭遇する。この経験を、死者となった人と共にしたかったと強く思い、悲しむ。だが、おそらく、実相はむしろ逆で、私たちは死者に感謝しなくてはならないのだろう。私たちは死者と共にあるから、真なるもの、良きもの、美しきものに心が動かされるのではないだろうか。ここでいう感動とは、単なる感情の起伏ではなく、実在にふれる経験である。生者にむかって実在の扉を開き、感動へ導くのは、死者たちに託された重要な役割に違いない。

つぎに引く『近代絵画』の「ピカソ」にある一節は、おそらく、『近代絵画』に死者論の序論を読みとった池田晶子の念頭にもあっただろう。

恐らく、ピカソの仕事場は、ドストエフスキイの「地下室」の様にただ貧しく、裸で、沈黙している。冥府《めいふ》の色から現れる「貧しき人々」も亦《また》ただ在るが儘《まま》にそうなのであって、これに社会的な或《あるい》は道徳的な意味を附与する事は出来ない。それは余計な戯れである。ピカソやドストエフスキイが見たものは、もっと恐ろしいものだ。これに名前や意味を附与して安心出来る様なものではない。何故かというと、彼等〔画・作品中の人物〕の姿は、彼等を書き、彼等を描いた作者達自身の姿に他ならず、二人が、これを扱うのに地下室や冥府の色を必要とした、というのも、二人とも名附けようもない自分自身に出会った一種の恐怖に由来すると言ってもいいからである。

冥府からの賓客、すなわち死者をかいま見るとは、「名附けようもない自分自身に出会」うことにほかならない。「青の時代」にピカソが描いた絵は、そうした死者と出会った生者の「物語」だった、と小林は言う。

「もっと恐ろしいもの」、あるいは「一種の恐怖」と小林が書いているのは、単に私たちを震撼させ、凍りつかせるような経験ではない。それならばピカソの絵も、ドストエフスキーの小説も、時代を超えて愛されたりはしなかっただろう。それは、畏怖を呼び覚ます何かである。

先だって、ニューヨークのメトロポリタン美術館へ行く機会があった。世界有数の大美術館には無数の絵画・彫刻・造形美術がある。時間は二時間しかなかった。すべてを見ることはできない。見たいと思うものに集中的に時間を割くことにする。死者を象《かたど》る古代エジプトの遺産をゆっくり眺めた。アルノルト・ベックリンの「死の島」、ジャック＝ルイ・ダヴィッドの「ソクラテスの死」を、これまでになくじっくりと見た。時間がなくなって、出口へ急いでいるときだった。背中に強い視線を感じた。その部屋には誰もいない。視界に飛び込んできたのは、ピカソが「青の時代」に描いた男の絵だった。そこは本来、ピカソの絵がある場所ではなかった。ある人物のコレクションを特別に展示していたのだった。書物と同じく、絵画もまた人を招く。絵は見られるものであると共に、見る主体でもあるだろう。

十九世紀末から二十世紀初めに活躍した宗教学者ルドルフ・オットーは、宗教の原体験は真実の畏怖にあると考えた。戦慄や驚愕、あるいは人間の魂を始原に立ち戻らせつつ畏れを喚起させるもの、彼はそれを「神の兆し（numen）」に由来し、「ヌミノーゼ」と呼んだ。小林が「恐ろしいもの」と呼ぶのは、「ヌミノースなもの」、「ヌミノーゼ」の経験である。それとの遭遇は、存在そのものとの接触であると共に、真実の自己との邂逅としても認識される。あるいは、存在と本来の自己が不可分であることを知らされる。

ピカソを論じながら小林は、「ランボオは、ボードレールを「最初の voyant」と呼んだ」と書き、「病者となり、呪われたものとなり――狂って、遂に、自分の見たものを理解することが出来なくなろうとも、まさしく見たものは見たのだ」という、ランボーの「有名な」一節を引く。ヴォワイヤン（voyant）はしばしば「見者」と訳される。井筒俊彦はさらに明瞭に「見霊者」と訳す。見者とは、冥府の実在を「見た」者である。

ランボーにとって詩を書くとは、異界の現実を謳うことにほかならなかった。小林は、「もし、ピカソがランボオの影響を受けたという事が本当ならば、そういう詩作の根本の態度からであろう」とも述べている。見者は、冥界の現実が、私たちの暮らす世界と不可分であることを目撃し、私たちを冥府に導く。ピカソもドストエフスキーも、冥界の事実を活写した見者（voyant）だと、小林は考えている。『近代絵画』は神秘家論だといってよいが、なかでも「ピカソ」は見者論である。

冥府を描くピカソを論じながら小林は、「おっかさんという蛍が飛んでいた」と感じられた、あの経験を想い出していたに違いない。先に引用した「ピカソ」の一節に、池田の言葉、「死者に思われて生者は生きている／したがって、生存とはそのような物語なのである」を重ね合わせてみる。二つの言葉が重なり合うところを覗き込む者の目には、冥府の風景が飛び込んでくるだろう。

冥府はおそらく、青一色の世界ではない。人間の意識を通り、無意識さえも通過して、ココロに反映したとき、そこに冥界に差し込む光が見えてくるように慎重に選ばれた色が、現象界における青、それもピカソが生んだ「青」なのである。

ある効能が認められる薬草を分析する、しかし、その働きを証明する物質は出てこない。だが、人間が飲むと病が癒える。秘密は植物にあるのでも、人間にあるのでもない。双方が出会ったところに出来事が生まれる。ピカソの「青」は、おそらく薬草の効能現象に似ている。

私たちは、食物を食すように、言葉を、色を、光を、音を「食べて」いる。それらを食することなく、生きることはできない。ピカソの「青」とは、リルケの「薔薇」、マラルメの「花」、小林秀雄の「謎」、井筒俊彦の「コトバ」あるいは「ココロ」、池田晶子の「言葉」に呼応する。モーツァルトならば、それは旋律だといっただろう。

「終戦の翌年、母が死んだ」、との一文から『感想』は始まる。「戦後、初めて発表した「モオツァルト」〔中略〕を本にした時、「母上の霊に捧《ささ》ぐ」と書いたのも、極く自然な真面目な気持」からだったと小林は書く。「モオツァルト」が発表されたのは、母が逝った年である。

本にしたとき、とは単行本刊行時ではない。「母上の霊に捧ぐ」と印刷されているのは、雑誌『創元』の創刊号で、むしろ創元社の百花文庫の一冊として世に出たときには、その一節は削られている。

書肆は、献辞にさほど重きを感じなかったのだろう。小林は、よほど承服しかねたに違いない。『感想』の連載がはじまったのは一九五八年、「モオツァルト」の発表から十二年の歳月が流れている。そうでなければ『感想』で再び、母親への献辞は「極く自然な真面目な気持」から発せられたと、繰り返しはしまい。

「モオツァルトのかなしさは疾走する。涙は追いつけない」、「モオツァルト」にふれるほとんどの者が引用する「有名な」一節である。この作品は、しばしば音楽評論の先がけとして論じられてきた。論者たちは、ここでの「かなしみ」がどのような音楽的意味をもつのかを語ってきた。しかし、その先を探っても小林の真意には到達しないだろう。それは『近代絵画』が、美術評論ではないのと同じである。

青山二郎が小林との対談で、小林の文章を読んでいると、画家がいれば絵が無くてもよいということになる、と発言している。おそらく、小林秀雄に宿る美の魔神をもっともよく見ていた旧友ならではの言葉である。小林は絵や音楽を論じているのではない。それがもたらす「ヌミノーゼ」を浮かび上がらせることが眼目だったのである。青山は、「モオツァルト」にふれて、さらに直接的な発言をしている。

「モオツァルト」なんかでも、思わずそういう喜びでも悲しみでも出ちゃうだろう？　肉体的なものが……。そういうものを皆意識的に殺しちゃうね。

この言葉を受けて、小林は、そうじゃない、自分は何も「殺して」なんかいない、文章はそのときどきの正直な「精神の現れ」だと言葉をついだが、青山はその言葉に、むしろ自分の発言の証左をみたのか、「それで解るような気がする」、読者が読んでいるのは小林の精神の「蒸気」で、「肉体」は見ていない、と自説をふたたび繰り返した。

この言葉を聞いた小林は、どんな顔をしていただろう。旧友畏るべき、と思っただろう。小林の「精神」から目を離さなかったのは、彼自身ではなく、青山である。書いている小林は、自分が何を語っているのかを十全には知らない。青山は、小林を批判しているのではない。小林に、彼の語るべきはモーツァルトの「かなしさ」ではなく、涙する小林自身に起こった出来事ではないのか、なぜそれを「殺す」のか、と問うのである。青山がここで「肉体」という言葉で表現しているのは、単なる物理的存在としての身体ではなく、肉体、精神、そして魂が絡みあう、存在の深奥、いわば実在である。青山は、実在を見たならそう書けばよいではないか、と言ったのだった。

「かなしさは疾走する。涙は追いつけない」、死者との遭遇を経験したことのある者には、説明は不要だろう。小林は、そのままのことを書いている。このとき小林は、後年、「おっかさんという蛍が飛んでいた」と書いたように、「おっかさんという旋律が聞こえてきた」と記すこともできたのである。

悲しみは、死者が寄り添う合図である。時に、私たちは自分自身よりも身近に死者を感じることさえあるだろう。私たちはその臨在を感じ、よろこびに涙し、ふれ得ないこと、抱きしめられないことに悲しみを覚える。

死者は、ときに私たち自身よりも、私たちの魂に接近する。意識を海に喩えるなら、生者はしばしば揺れ動く波に目を奪われるが、死者のまなざしは、いつもその深みに注がれている。彼らの眼は現象を見ない。本質を見る。しかし、生者が意識において、必要以上に自らを責めるとき、そこまですることはないのだと教えるのも、死者である。

小林は「モオツァルト」を書きながら、理性による反省、懐疑を突き抜けて、随伴する協力者の存在を感じている。彼はそれが、母親から流れ入ることを疑わない。「母上の霊に捧ぐ」の一節は、母親との協同なくしてこの作品は生まれ得なかったと、作品誕生の秘密を語っているのである。

生者の役割は、死者を思い、彼らのために、何かを行うことに尽きるのではない。死者に向かって、ではなく、彼らと共に生きること、協同することを、死者は強く望んでいる。死者との協同を試みて、死者を見ようと眼を凝らしても、思うようにはいかないだろう。それは、死者から「思われて」いることの発見から始まる。また、協同とは魂を通わせることであって、互いに見つめ合うことではない。

それは薬草を求めて山を登るときに似ているかもしれない。山場は苦難と危険に満ちている。登攀《とうはん》する二人が見つめ合うことは、互いの責任の放棄につながる。それぞれは自分の足場を感じ、同伴者を横目で見ながら、背中に感じ、事あれば自己と同伴者を救わなくてはならない。さらに登攀の目的は、山中に育つ薬草を採り、地上で待つ人々に手渡すことであり、互いの相貌を見るのを許されるのは、それからである。「モオツァルト」と『感想』はつながっている。それは、不可思議な現象においてではなく、死者との協同において、そこには連綿たる連続がある。『感想』で、ベルクソンがたどった哲学の起源が論じられているように、「モオツァルト」で小林が明示したいと願ったのは、作曲家モーツァルトの創造の秘密よりも、彼を通じて典型的に現われる芸術の始原とその秘儀である。次の一文は、この二作が死者によって結ばれていることを明示している。

自然とは何者か。何者かという様な者ではない。友は、ただ在るがままに在るだけではないのか。彼の音楽は、その驚くほど直《じ》かな証明である。それは、罪業《ざいごう》の思想に侵されぬ一種の輪廻《りんね》を告げている様に見える。僕等の人生は過ぎて行く。だが、何に対して過ぎて行くと言うのか。過ぎて行く者に、過ぎて行く物が見えようか。

(「モオツァルト」)

自然は何者と呼び得るような何かではないと断じた後、小林は「友」、と人を思わせる表現をとる。「友」は「罪業の思想に侵されぬ一種の輪廻を告げている」とも言う。ここで彼が母親の臨在を感じていたことを、どうして疑うことができるだろう。

さらに、「僕等の人生は過ぎて行く。だが、何に対して過ぎて行くと言うのか。過ぎて行く者に、過ぎて行く物が見えようか」との一節は、『感想』にあった「あの経験が私に対して過ぎ去って再び還らないのなら、私の一生という私の経験の総和は何に対して過ぎ去るのだろう」に明らかに重なる。

「モオツァルト」は、優れた音楽評論であり、詩と音楽の融点を示した批評である、しかし、その根源においては死者論である。小林が引くモーツァルトの書簡が、それをいっそうはっきりと語るだろう。亡くなる四年前、モーツァルトは父親にこう書き送った。

二年来、死は人間達の最上の真実な友だという考えにすっかり慣れております。

——僕は未だ若いが、恐らく明日はもうこの世にはいまいと考えずに床に這入《はい》った事はありませぬ。而も、僕を知っているものは、誰も、僕が付合いの上で、陰気だとか悲し気だとか言えるものはない筈です。僕は、この幸福を神に感謝しております

「死は人間達の最上の真実な友だ」と書く彼にとって、終焉としての「死」は存在しない。死が虚無に過ぎないなら、そこに「友」はいないからである。明日は現象界の人間には会えないかもしれない、自分はそれほどに異界に親しみを覚える、「この幸福を神に感謝」しているというのである。この書簡は、先に引いた池田晶子を想い起こさせる。池田もここに、自分の声を聞いただろう。この手紙にふれ、小林はこう書いている。

何故、死は最上の友なのか。死が一切の終りである生を抜け出て、彼は、死が生を照し出すもう一つの世界からものを言う。ここで語っているのは、もはやモオツァルトという人間ではなく、寧《むし》ろ音楽という霊ではあるまいか。

（「モオツァルト」）

モーツァルトの音楽はどこから来たのか。それは「死が生を照し出すもう一つの世界」からだと、小林は考えている。さらに、「彼は、毎晩、床につく度に死んでいた筈である。彼の作品は、その都度、彼の鎮魂曲であり、彼は、その都度、決意を新たにして来た」（「モオツァルト」）とも小林は書いている。これらの文章は、生を生者、死を死者とした方が、意味ははっきりする。生者が死者を照らすのではない。死者が生者を照らし出すのである。生者は日々、死者と遭遇することによって新生する。

この天才音楽家を通じて語るのは、人間モーツァルトであるより、「音楽という霊」である、と小林には感じられた。しかし、注意しよう。モーツァルトを通じて亡霊が語り始めているとは、小林は考えていない。ここでの「霊」とは亡霊、幽霊、あるいは今日いう心霊とはまったく関係がない。むしろ、万物の存在の理法、絶対的実在を意味する。「音楽という霊」とは、音楽として世界に顕われる「霊」である。

人間には、絶対者である「霊」から分け与えられた不可侵な実在が宿っている。「霊性」という言葉もあるが、それは人間が究極的善者である「霊」を渇望する本能である。人間に具《そな》わる「霊」を、池田晶子やプラトンは不死なる魂と呼ぶ。死者は、生者に宿る「霊」を照らす。そして、それが不死であることを教えるのである。

水道橋駅のホームから落ちた小林は、医者から勧められて湯治をする。そこで彼は、ベルクソンの『道徳と宗教の二源泉』をゆっくりと読む。「以前に読んだ時とは、全く違った風に読んだ。私の経験の反響の中で、それは心を貫く一種の楽想の様に鳴った」と書いている(『感想』)。『道徳と宗教の二源泉』はベルクソン最後の著作である。小林は、その終わりにある一節を『感想』の第二章の冒頭に引用している。訳は小林秀雄である。

人類は、自分の手に成った進歩の重みに、半ば圧《お》し潰《つぶ》されて、呻《うめ》いている。人類は、自分の未来は、自分次第のものだ、という事を、まだ十分承知していないのである。先ず、これ以上生存したいのかしたくないのかを知るべきである。次に、自ら問うがよい、ただ生存したいのか、それとも、その外《ほか》に、神々を作る機械に他ならぬ宇宙の本質的な機能が、反抗的なわれわれの地球に於いても亦《また》、遂行されるのに必要な努力をしたいかどうかを一度読んだだけでは何とも分かりにくい。小林自身もこうした「予言者めいた、一種身振《みぶり》のある様な物の言い方」は、それまでのベルクソンには見られなかったと書いている。

人類は宗教、哲学、芸術、科学を生み、技術を用いるほどに進化したが、一方でその重みにひしがれ、この先の行方を見失いつつある。しかし、その先を決めるのもまた人間であることを、もう一度熟慮しなくてはならない。また、人類は、本当に生存したいのか否かを問い直さなくてはならない。なぜなら、それほどまでに状況は危機的であり、その思索をくぐりぬけてきた叡知によってでなくては、もうその先には進めないほどのところに来ているからである。そこで私たちはもう一度、「神々を作る機械に他ならぬ宇宙の本質的な機能」を十全に働かせるための、真摯な努力を積み重ねる覚悟があるのかを、自問しなくてはならない。なぜなら、人類は「宇宙の本質的な機能」に抵抗する営みを、これまであまりに長く続け過ぎてきたからだ、というのである。

ベルクソンは宇宙を、「神々を作る機械」と呼んだまま去って行き、その意図は、これまでさまざまに解釈されてきた。『感想』を書かれたように読む。小林秀雄が、ここでの「神々」に死者の姿を見ていることは明らかである。小林は、ベルクソンにとっても死者が実在への窓であり、その道程を行く同伴者だったことに気がつく。それはほとんど啓示のような出来事だっただろう。そうでなければ、「心を貫く一種の楽想の様に鳴った」と、モーツァルト体験を思わせるような言葉を書く理由もないのである。

ベルクソンの問いが、人間がこれからも存続し続けることをめぐって発せられていることに注意しよう。真実の意味において死者を蘇らせ、死者との協同によって今日の世界を作っていくか否かに、これからの人類の存続がかかっていると考えているのは、ベルクソンだけでなく、小林秀雄も同じである。

死者たちは、時が永遠であることを教えるが、永遠は常に今に顕われていることを示唆してもいる。私たちが死者を論じるのは、過去を考えるためであるよりも、彼らと共に今を生きるためである。

五

先祖になる

小林秀雄『本居宣長』の第一章は、小林が伊勢松坂に宣長の奥墓《おくつき》を訪ねるところから始まる。次に小林が試みたのは、こと細かに自分の葬儀の次第を指示した宣長の遺言を読み解くことだった。死が滅亡ではなく、死者として生まれ直すことを意味していた宣長にとって、葬儀とは悲しみの儀式であるよりも、新生の祭儀だった。人は他者の死を通じて、死に隠された秘儀にふれる。宣長は自らの身をもって、その事実を弟子たちに伝えようとした。遺言状とは学者本居宣長の結語でもあった。

次に引くのは、小林秀雄の宣長論の結語といってよい一節である。

死者は還らぬ。だが、還らぬと知っているからこそ祈るのだ、と〔万葉の〕歌人が言っているのも忘れまい。神に祈るのと、神の姿を創り出すのとは、彼〔宣長〕には、全く同じ事《ワザ》なのであった。死者は去るのではない。還って来ないのだ。と言うのは、死者は、生者に烈しい悲しみを遺さなければ、この世を去る事が出来ない、という意味だ。それは、死という言葉と一緒に生れて来たと言ってもよいほど、この上もなく、尋常な死の意味である。宣長にしてみれば、そういう意味での死しか、古学の上で、考えられはしなかった。死を虚無とする考えなど、勿論、古学の上では意味をなさない。死という物の正体を言うなら、これに出会う場所は、その悲しみの中にしかないのだし、悲しみに忠実でありさえすれば、この出会いを妨げるような物は、何もない。

この小林秀雄の主著は、死から始まり、死者で終わる。あるいは、死者に還ってくる、と言った方が正しいのかもしれない。「死という物の正体」は、悲しみの中でしか見ることはできないと小林は言う。悲しみとは、限りない純粋な祈りでもあった。悲しみは、死者が訪れている合図である。死者をめぐる悲しみが、一方で慰めをもたらすのはそのためだ。それは生者にも感じられている。生者は、死者が近づくことのよろこびにうちふるえながら、死者にふれ得ず、抱きしめられず、また、その声を聞くことができないことを悲しむ。死者は不可視であり、不可触だが、生者と協同し、同伴する。

死者は存在の深みに「生きている」。悲しみは、生者に沈黙することを教え、そこに私たちは死者の声を聞く。死者のささやきに気がつき、そのまなざしを感じる。死者に出会いたいと願うなら、まず、探すことを止めなくてはならない。それは、風を感じるために必要なのは、探すことではなくて止《とど》まっていることであるのに似ている。ただ、死者を思う心があれば足りる。「出会いを妨げるような物は、何もない」のである。

『本居宣長』を執筆中、小林秀雄は幾度か講演をしている。先に引いた「生と死」もその一つだが、その三年後、一九七五年に、鹿児島県霧島で学生たちを前に行ったのが、「信ずることと考えること」である。音源も残っていて、今も聞くことができる。この講演は後に加筆補正され、「信ずることと知ること」と題されて活字になった。そこで小林は、柳田國男が語り下ろした自伝『故郷七十年』にふれながら、日本民俗学誕生の秘密に言及する。

柳田の自伝に、「ある神秘な暗示」と題された一章がある。そこで柳田は、「馬鹿々しいということさえかまわなければ」、話はいくらでもあると前置きしながら、幼少期に起こった魂との出会い、すなわち死者と遭遇したときのことを話し始める。

子供の頃、柳田は、群馬県布川《ふかわ》にいる長兄の家に預けられていた。兄の家の隣に旧家があって、この主人が蔵書家だった。少年のときから無類の本好きだった柳田は、その書斎に出入りを許され、しばしば訪れた。

その旧家の庭に、亡くなったおばあさんを祀っているという小さな祠《ほこら》があった。祠は子供が自由に開けてはならない。だが、柳田少年は、中がどうなっているのか気になってしかたがない。思いに堪《こら》えきれず、ある日彼は、無断で祠の扉を開けてみる。するとそこには丸い光沢のある石、蠟石《ろうせき》が収められていた。「美しい珠をそうっと覗いたとき、フーッと興奮してしまって、何ともいえない妙な気持になっ」て、しゃがみこんでしまう。そしてふと空を見上げると、昼間にもかかわらず、はっきりと星が見える。「今も鮮やかに憶えているが、じつに澄み切った青い空で、そこにたしかに数十の星を見たのである」、と『故郷七十年』には記されている。

柳田はこの頃から天文学の知識も若干あって、子供心に、昼間に星は見えない、見えたとしても自分たちにはなじみのない星座群だから、いろいろ探しても解るまいと反省したりもした。理性は十分に機能しているが、興奮はいっこうに鎮まらない。

そのとき突然、ピーッと鳴きながら、ヒヨドリが高い空を渡った。するとやっと、彼は恍惚と脱自の状態から、我に返る。もし、あのときヒヨドリが鳴かなかったら、どうなっていたか分からない、「私はその後実際生活の苦労をしたので救われた」と、最晩年の彼は述懐する。

後で聞いた話だが、と前置きし、柳田はその蠟石は、寝たきりになったおばあさんが床でよく撫でていたものだったのである、と書き添えている。

十四歳の少年をおそった「ある神秘な暗示」にふれ、小林はこう述べている。「柳田さんの淡々たる物の言い方は、言ってみれば、生活の苦労なんて、誰だってやっている、特に、これを尊重する事はない、当り前の事だ。おばあさんの魂の存在も、特にこれをとり上げて論ずるまでもない、当り前のことだ、そう言われているように思われ、私には大変面白く感じられた」

馬鹿馬鹿しいことならいくらでもある、柳田はそう語り始める。最晩年までそれを語ることがなかった柳田の心中から、小林は眼を離さない。本当に信じることができれば、慌てて語る必要もないというのである。神秘体験は柳田の中で生命を保ち、彼の学問が生まれる源泉であり続けた。魂は不死である、それは彼にとって、あまりに当たり前なことだった。それは、生きるとは労苦と不可分である、ということと同じ真実性をもって、彼のなかで日々新しく経験されたのである。

だがそれだけなら、小林は学生を前に、あえてこの話をしなかっただろう。存在の謎は、いつも遍《あまね》く、すべての人に問いかけてくる。差異は、出来事の有無ではなく、気がつくかつかないかにある、君たちはそれにどう応えるのか、と小林は若者たちに問うのである。

例えば、諸君は、死んだおばあさんを、なつかしく思い出すことがあるでしょう。その時、諸君の心に、おばあさんの魂は何処《どこ》からか、諸君のところにやって来るではないか。これは昔の人がしかと体験していた事です。それは生活の苦労と同じくらい彼等には平凡なことで、又同じように、真実なことだった。それが信じられなければ、柳田さんの学問はなかったというところが大事なのです。

柳田にとって民俗学とは、見過ごせば忘れられてしまう個々の魂の経験を、言葉によって定着させることだった。「学問はどこまでも国民が当体であります」との端的な発言からも分かるように、学問は国民にとって、真に用いられるに値するものでなくてはならないと考える点において、彼はきわめて厳格だったといってよい。深層の意味における実践性と有用性のない学問に、柳田は存在価値を認めなかった。

魂である死者との遭遇は、柳田にとっての「事件」だった。だがそれは、彼一個にとどまらず、すべての人の経験でもある。柳田に起こった異界との接近は、万人に起こり得るし、また、日々起こっている。

柳田が自らの経験を語らなかったのは、同質の経験が形を変えて他者に生起していることを、学問を通じて学んでいたからである。柳田の異能は、神秘体験に遭遇したところにあるのではなく、自身の経験を信じ、学問を通じて他者の経験へと昇華させたところにある。

もう一つの世界に向けて開かれていくこと、哲学者たちはそれを、「脱自」的経験と呼んだ。「脱自《エクスタシス》」は、法悦あるいは恍惚を意味する「エクスタシー」の語原である。脱自とは、人間が何かを慕うように、存在の根源へと飛躍する経験、井筒俊彦の表現を借りれば、「人間の内なる霊魂が肉体の外に脱出して、真の太源に帰没すること」である。

だが「脱自」が起きるだけなら、肉体を飛び出た魂は行方を失い、地面に叩きつけられてしまう。「脱自」的体験の極点に接した瞬間、人間は即、「神充《エントゥシアスモス》」を経験する。身を捧げ、自己の存在を無化した者を、間髪入れずに何者かが充足するのである。

ヒヨドリが鳴いて、柳田は我に返った。それは単なる偶然の出来事だったのだろうか。彼を異界に招いたのはおばあさんだったように、ヒヨドリの声となって少年にもとの世界に還ることを促したのも、彼女ではなかったか。また、後日、「実際生活の苦労」を経験しなくてはならなかった彼の傍らにも、しばしば彼女は随伴し、助力を惜しまなかっただろう。

このたびの震災は多くの死者と遺族を生んだ。遺族は死者を探して、存在の深みへと導かれる。人は、あるときは外界から隔絶され、あるいは疎外されたと思うことがあるかもしれない。だが、内実は別である。深層における個の経験は、個にとどまることを十分とせず、他者に向かって自ずと開かれてゆく。人知れず刻まれた無数の悲しみが今、私たちをつないでいる。彼らの掘った悲しみの井戸から湧き上がる水を、今、私たちは飲んでいる。彼らが毎夜ひとり、涙で石を削るように作った道を、私たちは歩いている。

一九四五（昭和二十）年三月十日、東京は米軍の空襲を受ける。大量の被弾と、爆撃を受けた面積が広大であることから、のちに「東京大空襲」と呼ばれた。空襲は翌四月十三日および十五日さらに五月二十五日にも行われた。多くの人が亡くなり、東京に暮らす者すべてが生存の危機に直面した。

同じ年の四月上旬、七十歳を超えた柳田國男は、筆をとって猛烈な勢いで、ある論考を書き始める。この作品は、翌五月末には脱稿し、『先祖の話』と題され、翌年四月に刊行された。『先祖の話』と題名はやわらかだが、この著作の本質は死者論である。「先祖」とは、すでに亡くなって、生者の記憶のなかだけにいる死者のことではない。それは、生者と交わる「生ける死者」である。

戦争末期、柳田は、自分も死ぬことになるかもしれない状況下で、日本の歴史に息づく死者の伝統に分け入り、死者の実在を明示しようとした。彼は、死にゆく人々と遺族の悲しみを感じながら、何者かに用いられるように書く。柳田はこの本を書く根本動機をこう記している。

このたびの超非常時局によって、国民の生活は底の底から引っかきまわされた。日頃は見聞することもできぬような、悲壮な痛烈な人間現象が、全国の最も静かな区域にも簇出《そうしゅつ》している。その片端だけがわずかに新聞などで世の中へ伝えられ、私たちはまたそれを尋ね捜しに地方をあるいてみることもできなかった。かつては常人が口にすることをさえ畏《おそ》れていた死後の世界、霊魂はあるかないかの疑問、さては生者のこれに対する心の奥の感じと考え方等々、おおよそ国民の意思と愛情とを、縦に百代にわたって繫《つな》ぎ合せていた糸筋のようなものが、突如としてすべて人生の表層に顕《あら》われ来たったのを、じっと見守っていた人もこの読者の間には多いのである。私はそれがこの書に対する関心の端緒となることを、心ひそかに期待している。

無数の死者と遺族を生んだ悲惨のなか、自らの生命と全存在をつぎ込んで死者論を展開した先人の営みに、畏敬の念を抱かずにはいられない。震災後の今日、柳田國男の代表作のひとつであるこの論考は、ふたたび真剣に読まれるときである。全編につきあうことの難しい人は、序文にふれるだけでもよい。柳田が言葉に籠めた祈りは、いまも響いている。

ある日、柳田は、自分は「先祖」になると話す初老の男性に出会う。彼は事業で功をなし、六人の子に恵まれ、それぞれに家を持たせることもできた。あとは、「先祖」になるのです、と柳田に言う。

この男性は、自分の成功を誇っているのではない。自分とその家族の毎日を守護する「先祖」の働きに感謝し、死者となってからは、自分もその一翼を担いたいという内心を語っているのである。

この会話からも感じることができるように、「先祖」とは、過去の人物の呼び名ではない。むしろ、生者が自覚する、死者としての在り方である。むしろ、死していっそう生者との関係を深める者の呼び名である。生者はよき「先祖」となるべく毎日を生きる、とも言える。

「先祖」は実在するのか、その役割は何か、あるいはどこにいて、いつ生者と交わるのか、問いは尽きない。柳田は祭りや、言語、風習を挙げながら、生者と死者のあいだには、もうひとつの「日常」があることを実証的に論じてゆく。

『先祖の話』に、「死の親しさ」と題された一章がある。そこで彼は、死者論を展開するにあたって、本来であれば、日本だけでなく、隣国の人々の死者への態度を論じる方が、学問的には有益なのかもしれないが、「それを説き立てようとすると私の時間が足りなくなる」と書いている。柳田は、今も人々の心の中にあるものを積み重ねていくと、こうした死者観が、「一時一部の人の空想から、始まったものでないことだけは」はっきりと知られ、特定の地域や特定の時代に生まれた思いでないことが伝わってくる、とも述べている。

今、本当に重要なのは立証の方法や証拠ではない、人々にある打ち消しがたい経験であり、自分はそれを見たままに伝えるのである、と柳田は、生命の危機に瀕した、緊迫する状況の中で、日本人の死者観をこう総括する。

少なくとも我々の間において、やや著しく現われているらしいものを列記すると、第一には死してもこの国の中に、霊は留まって遠くへは行かぬと思ったこと、第二には顕幽二界の交通が繁く、単に春秋の定期の祭だけでなしに、いずれか一方のみの心ざしによって、招き招かるることがさまで困難でないように思っていたこと、第三には生人の今わの時の念願が、死後には必ず達成するものと思っていたことで、これによって子孫のためにいろいろの計画を立てたのみか、さらにふたたび三たび生まれ代って、同じ事業を続けられるもののごとく、思った者の多かったというのが第四である。

死者は遠くへは行かない。愛する人のもとに留まる。また「顕幽二界」、すなわちこの世とあの世の往き来はしばしば行われる。祭りは、もともと死者と生者が協同する営みだが、死者の来訪は春秋の祭りに限定されない。また、生者と死者が互いに相手を思えば、その心はかならず伝わる。さらに、人々は最期のときに心から願うことは、死後にかならず成就すると信じていたから、残される者のためにさまざまな計画を練ったりもし、幾たびも生まれかわり、自らの使命を継続して行うことができるとも信じられていた。

「ふたたび三たび生まれ代って、同じ事業を続けられるもののごとく」とは輪廻を意味しているのではない。むしろ、三代四代先の子孫に使命を託し、死者はそこに助力を惜しまないというのである。死者は、自分が主体であることに関心はない。「事業」、すなわち他者に益する何事かが行われることに関心がある。

ここに挙げられた四つのことはいずれも、私たちの中に存在する感覚ではないだろうか。キリスト教は天国、仏教は涅槃《ねはん》と、それぞれ死者の国を別に定めるが、私たちは、ときにふれ得るかと思うほど、死者が近くにいるのを感じることがある。また、思いが死者に受け止められたとの感覚もあり、死者からの呼びかけを「聞く」こともある。あるいは、日常の出来事にしばしば、死者からの助力を感じてもいるだろう。だが、その出来事を口にする者は少ない。証拠もなければ、同質の経験が対話者に起こっているかどうかも分からない。柳田もこう書いている。「これらの信条はいずれも重大なものだったが、集団宗教でないために文字では伝わらず、人もまた互いにその一致を確かめる方法がなく、自然にわずかずつの差異も生じがちであり、従ってまたこれを口にして批判せられることを憚《はばか》り、なんらの抑圧もないのにだんだんと力の弱いものとなって来た」

五感に訴えるものに世界を限定した科学が支配する現代においては、死者の実在を信じることは難しくなっているのだろう。だが、私たちは、五感を超える何かがあることを、もう一方で強く感じてもいる。私たちが、死者との関係を否定しなければならない理由はどこにもない。柳田はこうも記している。

私がこの本で力を入れて説きたいと思う一つの点は、日本人の死後の観念、すなわち霊は永久にこの国土のうちに留まって、そう遠方へは行ってしまわないという信仰が、おそらくは世の始めから、少なくとも今日まで、かなり根強くまだ持ち続けられているということである。

「おそらくは世の始めから」と書くこの一節に、柳田は万感の思いを籠めている。無数の死者を生んだ、敗戦に至る未曾有の国難を迎えようとしていたそのとき、彼の悲願は、日本人の心の奥にあって、幾多の災難、破壊、あるいは文化の変遷を乗り越えてきた古い信仰をよみがえらせることにあった。

柳田國男に「魂の行くえ」という一九四九年に書かれた小品がある。柳田の死者／他界観が端的に述べられている。この作品は、いわば、『先祖の話』の補記である。小林秀雄の宣長論の補記がそうであるように、そこには、本論の執筆の後にのみ見ることができる言葉がある。注目すべきは、学説の是非ではない。なぜ柳田がその説を採ったか、採るほかなかったかという、内なる動かしがたい必然である。

『先祖の話』の刊行後、学問的には、期待するような反応を得ることはできなかった。だが、自分は思いつきで書いたのではない、「そう思わずにはいられない数々の根拠」があった。当時は実証する証拠が十分ではなく、読者に理解されなかったかもしれないと断りながら、彼は「魂の行くえ」で、もう一度先祖論を展開する。

柳田がふたたび語り始めたのは、山と死者の関係だった。日本には今でも、盆になると山から祖霊を迎える風習が数多く残っていると、柳田は山の火祭や盆の草刈、祖霊が帰ってくる道を整える盆路《ぼんみち》作りなど、いくつかの風習にふれながら、山をめぐる日本人の魂に眠る元型を照らし出そうとする。しかしその途中、ふと語調を強めて、こう書いている。

これほど大きな仏法の影響の下でも、なお日本固有の考え方は伝わっている。百年二百年の遠い先祖が、毎年この日になると元の家に還り、生きた子孫の者と交歓するということが、果してあの宗旨で説明し得られようか。

「あの宗旨」とはもちろん仏教のことだが、ここで柳田が、単に仏教に批判の矛先を向けているのではないことに注意したい。仏教のみならず、宗教は、かならずしも死者と生者の関係を豊かにすることに寄与しなかった、むしろ、そこにあった自由な交流を制限したのではないか、と言うのである。彼には、近代の墓所もまた、山と人間のあいだに入った可視的な「溝」に思われた。

個々の死者のために墓を建てることが今日のように当たり前になったのは、日清戦争後のことである。

それ以前には、亡骸は山へ還された。死者をどこかに追いやる、もしくはあたかも地中にいるかのごとく教えるのは、死者を思い人々の心に湧きおこる素朴な古い感情に、反することではなかったか、と柳田は問う。宗教に偏見があるのではない。柳田の眼は公正だといってよい。ここで彼が批判しているのは、人々の魂に耳を傾けず、教義に人々を従わせようとした「宗教」のあり方である。

仏教は、日本を取り囲むさまざまな民族にも伝播し、死者たちは遥か彼方へ旅立ってしまうという思想が行き渡っている。だが、そのなかにあって「この島々〔日本〕にのみ、死んでも死んでも同じ国土を離れず、しかも故郷の山の高みから、永く子孫の生業を見守り、その繁栄と勤勉とを顧念しているものと考え出したことは、いつの世の文化の所産であるかは知らず、限りもなくなつかしいことである」と柳田は書いている。

死者と生者の関係はいつも宗教以前であり、また社会規範の彼方にある。二者の関係はあらゆる束縛を受けない緊密な、「なつかしい」関係にある。柳田にとって民俗学とは、生者と死者の隙間なき関係の復活の実践だったといってよい。小林秀雄が歴史を論じるとき、それは多数の未知なる死者の代名詞であったように、柳田にとって民俗学とは、累々とつらなる死者たちの伝統そのものだった。

現代では「先祖」は、血縁に連なる関係を意味するが、柳田が論じるそれは、村あるいはそれに類する生活を共にする共同体へと広がっていく。祭りがそうした単位で行われるのはそのためである。祭りはいつも死者と結びついていた。死者と共に斎《いわ》うのである。「斎う」とは、身と心を清くして、祭りを前に「心を静かに和やかにしている」ことであり、「その慎しみが完全に守られている」状態を「めでたい」といった。

震災のあと、関東以西は花見を止め、祭りを自粛した。このような時期に騒ぎ立てるのは好ましくないというのである。だが、祭りだけはどうしても止めるわけにいかないと、これまで通り、もしくはそれ以上の深い思いと祈りを籠めて、それを執り行ったのは被災地の人々だった。死者の経験を強いられた人々は、「斎う」ことの本当の意味を、改めて全身で感じていたに違いない。

「魂の行くえ」は次の一節で終わっている。柳田國男の死者観が、端的かつ肉声で語られている。真摯な祈願であり、ほとんど信仰告白といってよい文章である。

それが誤ったる思想であるかどうか、信じてよいかどうかはこれからの人がきめてよい。我々の証明したいのは過去の事実、許多の歳月にわたって我々の祖先がしかく信じ、さらにまた次々に来る者に同じ信仰を持たせようとしていたということである。自分もその教えのままに、そう思っていられるかどうかは心もとないが、少なくとも死ねばたちまちコスモポリットになって、住みよい土地なら一人きりで、どこへでも行ってしまおうとするような信仰を奇異に感じ、夫婦を二世の契りといい、同じ蓮《はす》の台《うてな》に乗るという類の、中途半端な折衷説の、生れずにいられなかったのは面白いと思う。魂になってもなお生涯の地に留まるという想像は、自分も日本人であるゆえか、私には至極楽しく感じられる。できるものならば、いつまでもこの国にいたい。そうして一つ文化のもう少し美しく開展し、一つの学問のもう少し世の中に寄与するようになることを、どこかささやかな丘の上からでも、見守っていたいものだと思う。

この柳田の一節は、先に引いたベルクソンが『道徳と宗教の二源泉』の最後で強く時代に問いかけた一文、「先ず、これ以上生存したいのかしたくないのかを知るべきである」、と同じ律動を感じさせる。

生者同士の関係がそうであるように、死者と生者の交わりもまた、積み上げられていく経験である、生者は死者と毎日を生きている、このことは、学説の真偽とは別な次元の事実として認識しておかなくてはならない、と柳田もまた警鐘を鳴らすのである。

「コスモポリット〔cosmopolite〕」とは、世界市民あるいは世界主義者を意味する言葉である。「魂の行くえ」が発表されたのは一九四九年、敗戦から四年後である。日本は、自国の文化の復興よりも、世界の市民として国際社会に参加する道を選ぼうとしていた。

死後の世界には国境もなく、それぞれの文化もなくなる。そこでは、現世を感じさせるものは消えてしまっている。自分がかつて日本人であったことも遠のいていく。それはあたかも世界市民であるかのようである。しかしそうした思想に、日本人は奇異を感じて来たのではないか、と柳田は疑問を投げかける。

「一蓮托生」の言葉に見ることができるように、望むなら、夫婦は現世だけでなく、来世でもつながる、冥界の棲家である「蓮の台」も夫婦で分け合うとする霊性に、柳田はむしろ深く動かされる。

こうした宗教経験は、彼が古い民俗の記憶をもとめて、山、海、そして人々、あるいはその記録に出会うたびにさまざまな形でよみがえってきたに違いない。

先に「魂の行くえ」の冒頭、『先祖の話』の執筆当時を顧みながら、「そう思わずにはいられない数々の根拠」はあった、しかし証拠が十分ではなかったと、柳田が述べたことにふれた。柳田にとって「根拠」とは、打ち消し得ない死者との遭遇の累積ではなかったか。柳田は、その経験と呼ぶべき出来事が、錯覚、空想であるか否かを見極めることに、心を砕いたのである。彼は学問の方法を確立することの代償に、経験を無化するようなことはしなかった。自らの経験をなきものにする人間は、いずれ他者に起こった真実をも看過するようになるからである。

先に引いた一節に、死者が山に行くという説が、「誤った思想であるかどうか、信じてよいかどうかはこれからの人がきめてよい」と書いているのを、見過ごしてはならない。彼にとってもっとも重要なのは、死者は山に還るという学説ではない。

死者の家は時代と共に変わっていくだろう。私たちが死者と出会う場所、そこが私たちの「山」である。

「白状をすると」と断りながら、柳田は、祖霊が山に暮らすと確信する以前の自分は、死者は空へ還ると思っていた、現代ではそう考えている人も多いのではないか、山から離れたところで暮らし始めた現代人にとっては、「死んで行くべき嶺々も遥かで、しばしば霧霞に隔てられている」、そうした日常をおくる「人が空中から祖霊の訪い寄ることを信じ得なかったならば、たちまち我々の永遠は解しがたくなる」だろう、とも述べている。

「我々の永遠」と記されているように、彼の悲願は、「我々」が死者たちとつながり、また死者たちが「永遠」の次元につながっていることを明示し、記録し、語り継ぐことだった。

近代化あるいは都市化が、山を削り、交通網を整え、街をつくることだったように、私たちが夢中になった経済的発展とは、死者の故郷である「山」を見失うことだった。

今や、私たちはもう、祖霊の棲む場所を「山」だけとするのは難しい。死者は海にも空にもいる、あるいはいつも生者の傍らにいる。そう思ってよいと柳田も考えている。生者が留意するべきは、その場所を生者と隔絶させてはならないということだけである。

「できるものならば、いつまでもこの国にいたい」、そして日本という文化とその不可視な伝統を照らす民俗学が、いくばくかでも世に寄与することを、「どこかささやかな丘の上からでも、見守っていたい」、そう願わずにはいられない、と柳田は言う。

ここに彼の願望を見るだけでは、不十分である。このとき柳田は、自分をこの道に導いたあの蠟石の老女をはじめ、彼に助力を惜しまなかった死者たちに思いを馳せ、畏敬と敬愛の念を捧げながら、その列に自分も加わることを祈念していたのである。

六

悲嘆《ひたん》する仏教者

鈴木大拙《だいせつ》は、日本のみならず世界に禅仏教を広めたことから、禅学者とも呼ばれ、あるいは、禅にとどまらず、華厳、浄土教を含め広く仏教の道を修めたので、仏教学者と称されることも多い。だが、当人は「学者」とみなされることを嫌った。「学者」にとって、仏教は研究の対象だが、彼には存在することそのものだというのである。

禅は宗教ではない、今、ここに在ることが禅である。また禅は教義や宗派ではなく、存在することそれ自体だ、と言ったこともある。彼にとって仏教とは、狭義の意味での「宗教」を超えて、宗旨の彼方にあった。仏教は数ある宗旨の一部ではなく、宗旨の差異を超えてゆく道程だったといってよい。

大拙の全集は、書簡集を含め四十巻におよぶ。近代の仏教者の業績として、質量両面において並ぶ者は少ない。僧でもなく、学者でもなく、仏教を生きたという意味において、鈴木大拙は、近代日本における傑出した「仏教者」である。彼が釈宗演から「大拙」の号を受けたのは二十四歳のとき、本名は貞太郎という。仏教との出会いは幼少のころにさかのぼる。貞太郎が六歳のとき父が亡くなり、母は困窮のうちに浄土真宗の門を叩く。以来、彼にとって仏教は、母と不可分の関係にあった。彼は母増《ます》が亡くなったときの心境を、こう記している。

母の死んだのは二十を過ぎてからであった。臨終には遭えなかったが、納棺後、蓋を開けて死顔は見た。どんな容子であったかは、全く覚えないが、その時の感情は今に残って居る。それは母の死骸は此に収まって居るが、母は決して死んで居ないと云うことであった。何故にそのように感じたかはわからぬが、自分は母を見てそう直感した。そしてその直感はかなりに強いものであったと見えて、今でもそれが生き生きと残って居る。

（「西田の思い出」）

納棺されたあと、母の遺体を見る。確かに母は死んだ。しかし、「母は決して死んで居ない」と思う。このとき彼が経験しているのは、母の「死」ではない。「生ける死者」となった母である。それは疑いようのない直感だった。書いた当時、大拙は七十五歳、死者である母と遭遇した衝撃は、五十五年後にも「生き生きと残って」いるほど力強い。

彼がはじめて参禅したのは、十八歳のときである。本格的に座禅に向かうのは母の死の翌年、故郷金沢を出て上京、鎌倉円覚寺においてである。彼にとっての求道は、死と死者を峻別するところに踏み出されているのである。

一九五〇年、八十歳の彼が書いた「霊魂不滅」と題された小品がある。この一篇は、彼の死者観を端的に伝えている。

ある人物が、大拙の知人であった僧を訪ね、こう言った。小学校を出たばかりの息子が逝って以来、まったく心が安らがない。自分は仏教を信じる者ではないが、お経をあげてほしい。そして説教を頂きたい。だが、一つだけお願いがある。そこで霊魂不滅を語って欲しい。

この話を受けて大拙は、この申し出が実に示唆的であるだけでなく、同様の話は随所にあるに違いない、この事実にどう応えるべきかを考えてみたいとしながら、霊魂論の前提を語った。

子を喪ったことは、確かに悲しい。しかし、そうした親は少なくない。特定の声を聞いても、当人の主観に接するに過ぎず、とうてい客観性を獲得する議論にならない、あるいは、霊魂の不滅というが、そもそも霊魂はどこに、どのようにあるのか、それは身体とどう違うのか、論じることは尽きないだろうと述べ、突然こう続ける。

しかし霊魂があった方がよい。あるとしておいた方がよい。ないとか、あるとかいうのは、何か考えてからの話だ、普通一般には、あるものとして受けとられている――それでよいではないか。

霊魂を科学的に立証しようとする論究のどれも、この親の心を凌駕することは決してない、誰もが理論的実証の前に霊魂があると思っている、論議はいつも実感の後であることを忘れずにいよう、たとえそれが完全に証明されることがないとしても、霊魂は不滅であるとしてよいではないか、というのである。このエッセイには、「面倒な理窟はいわせておいて」との副題がついている。仏教者大拙の根本的な視座を明示している。

この親は、死者である子供の実在を感じている。だが、どう、何を語りかけてよいか分からない。困惑は霊魂不滅を疑うところにあるのではない。彼は、かつては考えもしなかったが、子供を喪い、霊魂が永遠であることを感じている。ただ、それに応える術をもたないから、僧にお経を頼んでいるに過ぎない。親は息子の霊魂は不滅だと確信している。しかし、弱った心にはそれを確証する力が残っていない。だから、僧にそれを裏打ちしてくれと願う。親が望んでいるのは、死後の平安を約束する単なる慰めではない。彼らが幾重にも確かめたいのは、どこまでも死者の実在である。

もし、死が存在の消滅を意味するなら、決して大拙は死を語らなかった。それは生涯を通じて変わらない。彼にとって、死は存在しない。存在するのは死者だけである。死者は別世界の住人ではない。死者は生者の世界に臨在する。それは、母の死以来、彼の根本経験だったといってよい。

だが、その確信が揺れた。妻ビアトリスが逝ったときである。

先に引いた「西田の思い出」は、題名から推察されるように、大拙の敬愛する友だった哲学者西田幾多郎への追悼文である。二人は共に金沢の出身で同年、出会ったのは中学時代である。ここで大拙は西田、母、そしてビアトリスの逝去にふれている。妻はがんだった。できる限り妻のそばに居られるように、大拙は自宅での生活を選び、献身的に介護する。病状が進んで、痛みが彼女を襲う。「やたらに苦しむのを見兼ねたので、自分は色々と複雑な感情を以て、その日その日を送った」と大拙は書いている。感じることのほか、考えることも奪われて、苦しむ妻を前に何もできない自分の無力を思いながら、来る日を迎えるほかなかったというのである。

大拙はこう続けている。

愈〻《いよいよ》最後となって、却《かえ》って一面張りつめた心が弛んだように覚えた。死後の面が如何にも美しく若返ったように見えて居た。死んだ人の顔附は皆このようになるものか否かは知らない。兎に角、死はその人人の個人的、身体的生涯に終止符をつけるのであるから、落付いて見えてほしいものだ。父や母の死顔は今何も記憶して居ない。

息絶えたあとのビアトリスの顔は、本当に若返って見えたようで、妻の遺稿集に載せた二十五年ほど前の写真に、「亡妻の容貌、不思議にも、此写真に見ゆる如く若くなり、而かも一種の端厳性を加えたるを覚えき」と書き添えている。「端厳性」とは、威厳に満ちた様子を指す。若いばかりか、おごそかにも見えたというのである。

亡くなったときの妻の様子は、妻の人格をそのまま表象しているように思われただろう。大拙は、ビアトリスを「大悲」の人だといい、菩薩行《ぼさつぎょう》を生きることに懸命だったとも書いている。彼は感じたままを書いている。読む者は、伴侶の述懐であることを考慮に入れて割り引く必要はない。死して輝くビアトリスの顔を見たのは大拙だけだったとしても、その真実性に傷がつくことはない。

だが、あまりに美しい姿は、喪った者に哀惜の念を募らせる。亡くなったときの顔を覚えていない母には、死でなく、死者を感じた大拙も、妻のときは状況が違う。母親のときのように、直感的に魂の不滅を感じることはできない。美しい容貌は、深く大拙に記憶されただろうが、それは悲しみの深さであり、困難の深みでもあった。七年経過してなお、言葉には語り得ない悲しみが宿っていることが、それを告げている。ビアトリスが亡くなったのは、一九三九年、このとき大拙は六十九歳、妻は六十一歳だった。結婚生活は二十七年に及んだ。

一八七八年、ビアトリスは、アメリカ、ボストンに生まれた。当時のボストンは、アメリカでも新思潮が胎動している場所だった。哲学者エマーソン、思想家ソローを生み、「アメリカン・ルネサンス」と呼ばれる潮流が、そこに生まれようとしていた。ニューヨークの大学ではウィリアム・ジェームズに学んだ。この時代、従来のキリスト教化された精神風土から、異教／異郷的世界に向かって開かれていこうとするアメリカの空気と知識を、彼女は一杯に吸い込みながら育ったといってよい。そこに日本から大拙が来た。彼はビアトリスとの邂逅を「宿世の因縁」といったが、出会うべくして出会ったとの強い実感は、互いの生涯を貫いた。

ビアトリスも、禅、浄土教に親しみ、「青蓮《しょうれん》」という号をもつ修道者だった。それだけでなく、神智学のような、大拙が正面から論じることが少なかった時代精神とも積極的に向き合った。晩年の十年は毎夏、密教の本山、高野山へ赴き、修道と修学に没頭する。彼女は、宗教が宗旨に固まっていくのではなく、深まりがそのまま普遍へと開かれて行く地平を探った。

大拙は、妻への追悼文で「二人で各自の所感・所思・所見を語り合って、而して又それを文章にすれば、それでよかったのである」と書いている。自分のこれまでやってきたことのすべての種子は、ビアトリスとの対話のうちに生まれた、それを言葉にすれば、もうそれだけで「よかったのである」と断言する。大拙にとって、伴侶「青蓮」は、文字通りの半身だった。それは生活の次元だけでなく、人生の次元、そして二人が切り開いた叡知の次元においてもそうだった。

二人はよく話した。「朝から晩まで話はつきなかった」と大拙は書いている。おそらくビアトリスは、彼にもっとも影響を与えた人物である。影響を受けた人物を問われると、誰もが偉そうな人の名前をあげるものである、だが多くの場合、その真実は、長く生活を共にした伴侶もしくはそれに等しい人物ではないだろうか、と正宗白鳥は言った。大拙は、白鳥の言葉を否定しはしないだろう。

大拙とビアトリスはしばしば、自分たちは二人で一人だと話していた。彼女を知ることがなければ、私たちの知っている「鈴木大拙」にはならなかったのである。

亡妻の性格は内外玲瓏《れいろう》で矯飾がなかった。内に感ずるだけを外に現した。殊に家庭に在りては本来の性格の動くままに行動したので誠に工合がよかった。一たび人を信じたら、どこどこまでも信じきるので、好加減なうそをつけなかった。一寸逢った人には多少控目なところもあったが、家に在っては少しの腹蔵もなかったので、朝から晩まで話はつきなかった。〔中略〕彼女亡きあとは此点でも何となく物足らぬ気持がするのは人情の自然である。よく『一体』だと云って居たのが、今やその半体だけを残されたのだから、わが生活の全面に渉りて十成ならざるは、已むを得ぬ。また『一体』になる時節もあろう。菩薩の願は尽きない。

「菩薩の願」とは、ビアトリスの悲願を意味する。この一文、妻ビアトリスの遺稿集『青蓮仏教小観』の序文を書いたのは、彼女の五カ月目の命日である。淡々と書かれているが、ゆっくり読めば悲しみがにじみ出てくる。

「已むを得ぬ。また『一体』になる時節もあろう」との一節は、妻が亡くなったことは悔やんでも仕方がない、また、いつか「一体」になるときがあるだろう、と読んではならない。ここに見るべきは、ビアトリスの姿が見えないことに苦しみ、もだえる大拙の姿である。あるのは、吐露された渾沌と混乱の言葉である。美しい姿を残して去って行った妻の面影は、どこを探しても見当たらない。そればかりか半身を失った自分の姿すら、どこにあるのか分からなくなっていただろう。大拙はもがき、苦しみ、独り嗚咽する。愛妻の死にも動じない姿とは、後世が作った偉大な仏教者大拙の偶像に過ぎない。

確かに「霊魂不滅」を書いた大拙であれば、「いつか「一体」になる時節もあろう」などとは言わず、今もなお「一体」であると書いたかもしれない。だが、この悲嘆を超えなければ、「霊魂不滅」を確信し、「面倒な理窟はいわせておいて」、とするところには立てなかった。そうでなければ、たとえ彼が霊魂の不滅を言ったとしても、私たちに訴えるものはない。私たちと大拙がつながるのは、崇高な境地においてではなく、行き先を失った悲哀を生きる地点においてである。大拙だけではない。私たちが真実の意味で他者とのつながりを回復するのは、歓びの瞬間においてではなく、むしろ悲哀の孤独においてである。

以下に引くのは、西田幾多郎への追悼文を書いた二年後に発表された講演録『仏教の大意』にある一節である。妻を喪った彼に、何が起こり、どこへ導かれたかが伝わってくる。

いかな英雄も聖人も天才も、生死の法則に対しては、それと反対の人人と同一運命にさらされる。しかし人間はいつも受動的ではいない。落ちかかる太陽をも呼び戻したい気がする。それは愚痴だ、それは情性的盲動だといわれよう。いかにもその通りである。が、「さはさりながら、さりながら」を繰り返すのが人間なのである。自分の生死だけなら雲烟《うんえん》過眼《かがん》的に観じても行けようが、自分の周囲に打ちひろげられる日日の惨憺たる光景を見せつけられたり聞かされたりすると、何としてもじっとしてはいられないのが人間である。それは彼等の自業自得だといってすましていられない。それかといって自分の力では何とも仕方がない、人間の力だけでは手の出しようもない。この時に心の底から涌いて出るのが祈りである。

「落ちかかる太陽をも呼び戻したい気がする」との言葉からも、思いの強さがうかがえる。「太陽」とは死者である。死者が生者を照らす。

　死者を追う。その姿を見て、周囲は愚かだと笑うだろう。だけれども、だけれども、とその姿を求めるのが人間である。ここでの「祈り」とは、何かを信じて拝む営みではなく、自ずから湧き出る働き、あるいは「力」である。

　同じ一文で彼はこうも言った。「人間の魂は悩む、不安に襲われる。この不安が知性面に現われて不可思議を思議せんと努める、無分別を分別せんと、その力の限りを尽くす、そうして疲れて斃《たお》れる、自由の門はそこから開かれるのです」。「不可思議を思議」する、あるいは「無分別を分別」するとは、いわば永遠と実在の世界に通じる、すなわち死者の世界へとつづくトンネルを掘ることである。人は、それを試みて斃れる。不可能性に挑戦し、力尽きたところに門は開かれる、と大拙は言う。

斃れた生者の口から洩れた祈りは、死者を呼ぶ。それを向こう側から掘り続け、二つの世界をつなぎ、斃れる私たちを抱き上げるのは死者である。死者は、安心してよい、自分はいつもこうしてあなたを守る、と声を残して戻って行く。

『青蓮仏教小観』は私家版で、関係者のみに配られた。和綴じで、百二十五頁ほどの二分冊からなっている。原文は英語で、翻訳はビアトリスと縁のあった杉平顗智と横川顗正が当たったが、校正は大拙が行った。彼女は、日本仏教の魅力をこう書いている。

仏教の実際的方面で今一つ申したい事は、仏教徒はその日常行事の上に於いて死者は死んで居ないという事に定めて居ると云うことです。死者は寺に、家庭に、又後に残った人々の心の中に、何処迄も生きて居て、尚《な》お現在其処に居る者の様に、尊敬と礼拝と供養と思い遣りとを受けるのであります。

（「仏教の印象」）

食べ物、花、線香、ろうそくの光が捧げられ、決まった命日には特別の弔いを受ける。欧米では、死者が心の中にあることが強調されることはあっても、実生活で、このような現実性を帯びた待遇を受けることはない。死者とは過ぎ去った者ではない。それは生者と共に在る者である、とこの本で、彼女はしばしば死者を語った。ビアトリスは、こうも記している。

死者に対し追弔を行うことは詰らぬ事だという人があると聞いて居りますが、然し私は人間の最高の感情をよびおこすものだと思います。事実日本では『死者は決して死んでしまってはいない』のでありまして、尚お家の或は寺の一員なのでありります。一般には、此れを祖先崇拝だと申して居りますが、それは訳を知らないからでありまして、実際には追慕の念が最も高いところまで高められたものであります。

（「大乗仏教に於ける恭敬」）

死者の追悼は、人間に「最高の感情」を呼び起こさせる。死者への儀礼があって感情が高まるのではなく、高貴なる思いが追悼の儀式を生む。日本人は先祖を「崇拝」しているのではない。それは愛する人を思うように「追慕」している、なぜなら「死者は決して死んでしまっていない」からである。

美しい妻の姿を傍らに、草稿に朱を入れながら、文字を追う大拙を想像してみる。眼光紙背に徹するとは、こうしたときに用いる言葉だろう。妻を探す彼の視線は、紙を突き破っただけでなく、冥界へも届いたに違いない。

大拙は、歴史に埋もれた仏教者を幾人もよみがえらせた。浅原才市《あさはらさいち》ら妙好人《みょうこうにん》、独自の仏画を描いた仙厓義梵《せんがいぎぼん》、そして不生禅《ふしょうぜん》を説いた盤珪永琢《ばんけいようたく》（一六二二〜一六九三）もその一人である。盤珪は「不生《ふしょう》」を説いた。すなわち、人は生まれてはいないから、死ぬことはないと言った。大拙が盤珪を知ったのはいつか分からない。しかし、その本格的研究を進めたのは、ビアトリスの没後である。ビアトリスが逝った五日後、彼は鎌倉円覚寺で「盤珪禅師の禅の哲学」の題下で、五日間にわたって連続講演を行った。

盤珪が出家したのは十六歳のときである。彼の修行は自らへの鍛錬であるだけでなく、どうしたら「他人に最も能く説き聞かせるかと云うところにもあった」（「盤珪の不生禅」）と大拙は書いている。苛烈な行道は、彼の体をむしばむ。大病をする。彼は死を恐れる。恐怖にさいなまれながらも修行を続け、ある日大悟する。真実の意味で人は死なない。なぜなら、人間の魂は、肉体を具えて生まれる前から存在する。したがって魂は、「生まれて」はいない。すなわち「不生」である。不生なるものは不滅である。人は、「不生不滅」だと盤珪はいう。

二の「コトバとココロ」の章で、知ることはすべて想い出すことである、とするプラトンの「想起」説にふれた。盤珪の場所を理解するには、プラトンを経由した方が、現代の私たちには分かりやすいかもしれない。

生まれる以前の世界で、私たちは「魂」だった。現象界に降りてくるときに、私たちはその経験を一度忘れる。生きるとは、それを一つ一つ想い出していくことであり、それが「魂」を育てることなのだ、とプラトンは考えた。盤珪が「不生」の一語で語ろうとしているのも、同じことである。プラトンも、盤珪と同様、霊魂の不滅を疑わなかった。

不生であることを悟るには、修行はいらない、仏教の歴史にその名を残す祖師たちの言葉に学ぶ必要もない。ただ、日々与えられた毎日を真摯に送るだけでよい。盤珪はそのことだけを説き続けた。それは、旧来の宗教の枠を打破し、人と存在の根源をふたたび直接結び直そうとする、精神革命だったのである。

彼の説法を聞いたのは大名から市井の人々まで、宗旨も禅に限らず、天台宗はもとより密教、儒者、神官など、思想、信仰を異にする者も集まり、その教えに心服した。大拙との精神の類縁を思わずにいられない。

彼は講演の翌月から盤珪論に着手し、翌年の夏には『盤珪禅師語録』の編校を終えている。没入する姿が思い浮かぶ。彼は盤珪に向き合いながら、妻もまた「不生」であることを確かめようとしていた。

大拙は、ある講義で存在の秘儀にふれ、人間は点にたとえることができる、そこには三つの線が流れ込んでいると話す。「物理的・自然的」な線、「知性的・道徳的」な線、そして「霊性的」な線である。最初の線は、食べねば生きられないという生理的、肉体的世界を司る。次はよりよく生きたいと願う、いわば精神的世界へとつながる。

「霊性」の世界は、はじめの二つを包み込み、そこに実在を与え、人間だけでなく、この世界を超える超越者と人間をつなぐ。実在は、物や精神の内にあるのではない。万物は「霊」によって生かされている、と大拙は考える。三つの線のどれも欠くことはできないが、「霊性」の線がつながらなければ、根源的な意味で人間は存在できない。「霊」が物に形を与え、精神に力を注ぐ。物は消滅し、精神はいつも揺れている。だが、「霊」は移ろわない。「霊」は不滅であり、万物に宿る。「霊」こそ、「不生不滅」の源泉である。

大拙は、死を語らなかったように、死後の世界を語ることにも積極的な意味を認めなかった。彼にとって、死が不確かなように、抽象的概念としての生もまた幻影に等しい。彼が見つめるのは生ではない。「生者」そのものである。鈴木大拙の思想は、いつも生者と死者の間で営まれている。彼は生者と死者をつなぐ世界を「大地」と呼び、その思想の中核に据えた。

大地の霊とは、霊の生命ということである。この生命は、必ず個体を根拠として生成する。個体は大地の連続である。大地に根をもって、大地から出で、また大地に還る。個体の奥には、大地の霊が呼吸している。それゆえ個体にはいつも真実が宿っている。

（『日本的霊性』）

「大地の霊とは、霊の生命ということである」なら、「個体」の奥にはかならず「大地の霊」が息づく。大地は不死である。その「霊」を分かたれた私たちもまた同じく不滅となる。「大地に還る」とは、「個」を失い、何か大きなものに解消されることではない。むしろ、大拙は個の唯一性を強調する。「個体」とは私たち一人一人である。「霊」は、かならず「個体」を通じて現われる。そこに生者と死者の区別はない。

生者と死者は離れない。「大地」において連続する。人は、「大地」に根をもって、そこから生まれ、そこへ還ってゆく。人は「大地から出で、また、大地に還る」と大拙がいうとき、それは単に人間の生死を表わすのではない。出でるとは、生者が死者に向きあうことであり、還るとは、死者が新生し、ふたたび生者の世界に帰還することである。

『先祖の話』で柳田國男はしばしば、仏教、ことに浄土での往生を採りあげ、生者と死者を隔絶したと批判した。だがその柳田が、死者をめぐる日本人の霊性において仏教が果たした役割を、積極的に認める記述を残している。「三種の精霊」と題された一章がそれである。そこで柳田は「外精霊《ほかじょうりょう》」について語った。「精霊」とはすなわち死者である。彼は、「精霊」はもともと「聖霊」と書かれることが多かったと記し、原意もそれに準じるとする。「外」とは、姻戚《いんせき》もしくはそれに類する間柄がないことである。日本人はいつからか、家や村だけでなく、未知なる死者を包含しながら、死者への祭儀、すなわち祭りを行うようになる。その変化にふれ、柳田はこう述べている。

これ〔「外精霊」を祭ること〕はわが国固有の先祖祭思想の、おそらく予期しなかった新しい追加である。基督《キリスト》教の方にも十月四日の万霊祭があるように、これが仏法の世界教としての一つの強味であり、種族を超越した信仰共同への大きな歩みであったことは認めなければならぬ。

日本人は、古くから死者とのつながりを保ち続けた。家族、親類、縁者、そして村落へと類縁の環を広げてきた。だが、種族を超えたところまで広がるには、仏教の力が必要であり、それは生者と死者の関係を強固にすることに大きく寄与した、と柳田は仏教の働きを認める。

確かに、法然と親鸞によって開かれた浄土教は、人は死して浄土に往生すると説く。だが、彼らにとっての浄土は、死者が単に安住するところではない。そこをひとたび訪れた者は、力を得て、地上に残された生者を救うために還ってくる。

法然は、鎌倉幕府を開いた源頼朝の妻北条政子にこう書き送っている。石丸晶子の現代語訳から引いてみる。「強情に浄土の教えを信じようとしない人に対して、むりに入門させようとなさってはなりますまい。このような不信の人々でも、過去に出会った父母、兄弟、親類であると思い、いつくしみの心を起こして、御自身は念仏して極楽の上品上生《じょうほんじょうしょう》に生まれて、悟りをひらいたのち、ふたたびこの生死の世界に返って来、誹謗不信の人々を救いたいとお考えになってください。このことを、つねにお心にとめおかれてしかるべきと存じます」

法然は信仰の無理強いを強く戒める。相手の信仰の有無に関係なく慈しむように、と説く。また、死して浄土へ行き、悟りを開いたなら、直ちにこの世に戻って、万民のために尽くすのである、このことを決して忘れることのないように、と結ぶ。

浄土へ赴くことを「往相」、浄土から還ってくることを「還相」と呼ぶ。人間における真の使命は、「往相」では終わらず「還相」に続く。浄土とは、永住の場所ではなく、「一時通過すべき仮りの停車場の待合みたいな」（『日本的霊性』）ところだと大拙も明言する。

法然、親鸞はもとより、大拙にとって死は、少なくとも忌むべきことではない。それは、万人に避けがたく訪れ、残された者に耐えがたい悲しみをもたらす。しかし、その一方で、死は新生であり、他者の救済のために身を捧げる時機の到来だと信じられた。ここに、生が、どこまでも尊ばれなくてはならない理由がある。生はいつも、眼前の生者だけでなく、無数の死者たちによる協同の果実だからである。

往相と還相の連環、すなわち死者となり、生者と協同することは、法然の信仰の根幹であり、それは、そのまま親鸞に引き継がれた。親鸞は法然の弟子である。しかし、法然に従った多くの弟子は親鸞を認めなかった。逆の言い方をすれば、親鸞のみが、法然の信仰に秘められた革新性を知ったのだともいえる。

教団も、戒律もいらない。僧である必要もない。老若男女の区別なく、南無阿弥陀仏と心を込めて唱えるだけで救われる、人間の使命は現世で完結することはない、と法然は説いた。法然の没後、彼の悲願は、親鸞において新生する。大拙は、真実の師弟に起こる魂の継承から眼を離さない。法然、親鸞を、連続する魂だと大拙は言う。

法然と親鸞とを二つの人格として見るよりも、一人だというあんばいに見る方がよいと思う。法然は親鸞において生まれ変わって出たのである。ここに法然の生涯に何か生きたもののあったことに気づく。

（『日本的霊性』）

しかし、新生は教えにおいてのみ起こったのではない。「ここに法然の生涯に何か生きたもののあった」と言うように、大拙はそこにはっきりと、死者である法然の働きを感じている。生者である法然だけでなく、死者である彼なくして、私たちが知る親鸞はなかったことを、大拙は疑わない。

死が、いのちの新生を意味するのでないとしたら、私たちはここにはいない。人は、死者の支えなくしては存在しえないからである。生者は、数え切れない死者に支えられている。ある死者は、生者のごとく祈り、愛し、また、ある者は寄り添い、共に悩み、悲しむだろう。

法然が、死して再び現世に戻ることを確信していたのは、現世にいる彼が、不可視な他者、すなわち死者の支えを常に感じていたからである。以下の一節の「個霊」とは、私たち個々の生者を指し、「超個霊」は、死者を窓とした実在の世界である。それは法然あるいは大拙の境涯でもあろうが、むしろ、私たちが日々実感していることが言葉になったことの方に、注目するべきなのだろう。

霊性はいつも一人であり、覿面《てきめん》であり、赤裸々であるから、古着の世界に起臥することを嫌う。個霊は超個霊と直截的に交渉を開始する、いかなる場合でも媒介者を容れぬ。

（『日本的霊性』）

「覿面」とは、目の当たりにすることである。邂逅はいつも直接的であり、「いかなる場合でも媒介者」を許さない。大拙もまた、生者と死者の間には、あらゆる教義、思想、哲学の介入を要さない、生者の悲しみがあれば足りると考えていた。

一九四五年六月七日、西田幾多郎が突然逝った。前月の十二日に、二人は親しく言葉を交わしていた。訃報に接し、大拙は急いで西田の家に向かう。泣くまいと思っていたが、門を入ったところで西田夫人を見ると、大拙は門柱につかまって泣き崩れる。そして、横たわる親友を見て、また、慟哭《どうこく》する。彼は、西田の追悼文でこう書いている。

生中に死あり、死中に生ありとか、又は動中静、静中動などと云っても、月並の云い現わしで、頗《すこぶ》る物足りない。今自分の持って居る感じ、又は直覚には、そのような言葉の上で看取せられるものよりは、もっと深い、もっと幽遠な、もっと微妙なものがある。感じであり、直覚であるからには、微妙で、言葉では表わし難きもののあるは、固《もと》より当《ま》さに然《しか》るべきところであろう。母の場合のように、只「母は死んで居ない」と云う直感よりも、もっと複雑な、内容を持った感じなのである。その中には西田の哲学もあり人格もあり私交的感情もあり、又兼ねて自分自らの哲学もあると云ったような複雑なものである。

（「西田の思い出」）

死者の役割が生者の守護であるように、生者の役割は、死者の使命を継承することである。死者である西田を感じながら大拙は、友が自らに宿った哲学の深化を託そうとしていることに気がつく。ここでの「哲学」とは、知識や概念、あるいは方法に類するものではない。

西田は海外へ行くことがないまま、生涯を終えた。身体は日本を出なかったが、その内心には世界性が潜んでいた、と大拙は書いている。「西田の思い出」で大拙は、西田と欧米視察を約束していたことにふれる。

或る日の閑話に「今度の戦争がすんだら自分等二人して欧米視察に出かけようではないか」と云ったら、彼は黙って笑って居たが、自分としては真面目に今でもそう思って居るのである。

西田はもういない。しかし、大拙はそれでも西田と欧米へ行くと、「真面目に今でもそう思って居る」。この言葉は、文字通りに受け止めなくてはならない。約束を実現するべく大拙は、一九四九年から二年間にわたるハワイ、北アメリカ大陸での生活を皮切りに、五三年から五四年には、ロンドン、スイスのアスコナ、パリなどを訪れた。

アスコナは、時代を牽引《けんいん》する各界の知性が結集し、東西に分断された叡知と霊性を回復しようとする集い、エラノス会議が行われた場所である。参加者は皆、夫人を同伴する。大拙は周囲に一人に見えただろうが、彼の実感は異なっていただろう。彼は、ミルチア・エリアーデ、アンリ・コルバンを前にスプーンを手にこう言った。「ここにスプーンがある、だから天界にもこのスプーンがある、分かるかね？」。このとき大拙は、ことさら妻を強く感じたに違いない。妻は、ここにいる、だから天界にもいる、そう心中でつぶやいたかもしれない。

この旅で大拙は、先の二人のほかにも、ユング、ガブリエル・マルセル、ハーバート・リードといった当代思想界を代表する人物と交わった。以後も大拙は積極的に欧米へ渡り、それぞれの地域、領域を代表する人物との交流を深めた。

大拙は、自分のなかに生きている西田の哲学を背負って、世界へと向かった。彼は道中、しばしば西田の随行を感じ、独り、友に話しかけたこともあっただろう。

戦後、世界を舞台にした大拙の活躍は、近代日本の思想が世界と本格的にふれあった出来事として大きな意味を持つ。だが、その真実を見ようとする者は、死者である西田幾多郎がそこに「随伴」していたことを忘れてはならない。「法然は親鸞においで生まれ変わって出たのである」、法然を西田、親鸞を大拙に替えれば、そのまま二人を活写する言葉になる。

七

死者の哲学の誕生

京都大学退官にあたって西田幾多郎は、自らの生涯を振り返り、こう言った。「回顧すれば、私の生涯は極めて簡単なものであった。その前半は黒板を前にして坐した、その後半は黒板を後にして立った。黒板に向って一回転をなしたと云えば、それで私の伝記は尽きるのである」

黒板を前に坐すのは、学生生活であり、黒板を後ろに立つとは、教師としての生活を意味している。確かに、それは実に「簡単」であり、彼の年譜を見ても、つけ加えるべきものは何もない

しかし彼の哲学は、黒板から離れたところで紡ぎ出されていた。西田幾多郎にとって哲学とは、思索と体験の結晶であると共に、透徹した状態で日常を行《ぎょう》じることだったといってよい。そこには読書と執筆と禅体験だけでなく、相次ぐ家族の他界も大き

な跡を残している。

西田幾多郎には八人の子供がいたが、そのうち四人が、彼の存命中に亡くなっている。また妻寿美《ことみ》も一九二五年、西田が五十五歳のときに逝った。長男謙が他界したのは、その五年前の一九二〇年である。謙は二十二歳、旧制第三高等学校に在学中、腹膜炎による急死だった。

西田門下だった哲学者木村素衛《もともり》が、学生時代に書いた日記に、当時の光景を記している。

西田先生の外套の破れている事を私が話したら加川（友人）が「あれは亡くなった長男が三高で着ていた奴を息子の影身だと云って着ているんだ。腕時計もそうなんだ。田辺さん（田辺元）の奥さんがそれを見て泣いたんだ」と云い出した時には私は一生懸命涙をおさえねばならなかった。

このときすでに、西田は哲学教授として一家をなしていた。地位が定まり、居るだけで周囲の目を引く壮年の男が、着古された形見の外套と腕時計を着用し、息子を弔うのである。彼にはなし得ることはほかになにもない、そう感じられたに違いない。

先に引いた西田の「退官の辞」も、木村素衛の日記も、上田閑照《しずてる》の『西田幾多郎を読む』（岩波書店）で読んだ。もう二十年前になる。以来、避けがたい試練に出会ったとき、これらの言葉と光景は、内心によみがえって私を支えた。ここにあるのは、単なる言説ではなく、無私の祈りだからである。

祈りとは、願いごとをすることではなく、沈黙のうちに超越の声を聞くことである。祈りに必ずしも宗教は必要ない。祈りは、宗教以前の営みである。私たちが死者と遭遇するのも、宗教以前の世界である。

外套も腕時計も、西田にとっては単なる遺品ではない。むしろ、息子の魂そのものであった。外套が風に吹かれるたびに、彼は息子の声を聞いただろう。腕時計を見るたびに、過ぎゆく時間に、永遠を探したのではなかったか。彼は文字通り、息子の魂を身にまとい、生きていたのだった。

上田閑照は、「生涯」と「境涯」の二つの座標軸を布置して、西田哲学を読み解こうとする。「生涯」の事実は、年譜に記すことができる。しかし、「境涯」は難しい。それは、単なる生活上の記録ではなく、逃れ難い人生の出来事に直面したときに内心に起こる出来事だからである。

だが、西田幾多郎の思想とは、彼によってのみ切り開かれていったのだろうか。彼もまた、私たちと同じように、影響を受ける側の人間でもある。西田を「読む」とき、彼が何を発したかだけを見るのでは不十分である。彼が何を受容したか、さらにいえば、何が彼を通過し、顕われたのかを考えなければならない。

西田の哲学は、悲しみの哲学である。彼にとって書くとは、悲しみの彼方で他者と出会うことだった。他者とは、未知の生者だけではない。不可視な隣人、すなわち死者との関係を切り結ぶことでもあった。

「絶対矛盾的自己同一」は、西田哲学を論じる者がほとんど例外なく言及する、彼の思想的極点を示す鍵語である。絶対に矛盾する存在が、現象的矛盾をそのままに、一なるものとして実在する。死者との関係はその典型である。

亡くなった者の肉体は滅び、姿は見えず、ふれることもできない。しかし、死者は今も実在していて、生者の呼びかけに無音の声で応えるだけでなく、ときに呼びかけてさえくる。息子の遺品を身につけ、歩く。それは、過ぎ逝《さ》った子供の死を悼《いた》む行為でありながら、それでいて、今において、その魂と交わることでもあり得る。「絶対矛盾的自己同一」は、論考の題名でもある。その一節を引いてみる。

過去と未来との矛盾的自己同一的現在として、世界が自己自身を形成するという時我々はどこまでも絶対矛盾的自己同一として我々の生死を問うものに対する、すなわち唯一なる世界に対するのである。我々が個物的なればなるほど、爾《しか》いうことができる。

過去は、「時間」として過ぎゆく。その事実はそのままに、また過ぎゆかない「時」として、現在に顕現する。未来は未だ来ないが、いまここにある未来として実在する。それが「絶対矛盾的自己同一」の世界における「時」の実相である。人間の生死を問うのは、「時」の次元においてだと、西田は断言する。

すでにいないはずの死者が、永遠の次元から現在に深く介入し、未だ死なない生者が、死者の世界と交通する。この出来事は、「我々が個物的なればなるほど、爾いうことができる」、すなわち、私たちが個人的経験をその深みに探るとき、いっそうはっきりと感じられる。この一節は、西田幾多郎の思索が、親族の死によって深化しただけでなく、死者との協同によって実現されたことを伝えている。

西田は参禅をよくし、三十一歳のときに雪門老師から「寸心」の名を受けた。西田の哲学と「宗教的経験」は不可分である。ここでの「宗教」とは、宗派としての禅に限定されない。それは、死者との出会いをはじめ、彼方の世界へ人間を導く働きだと考えてよい。

しかし、そうした西田哲学の在り方に鋭い批判を加えた人物がいた。田辺元《たなべはじめ》である。一九三〇年、田辺は、「西田先生の教を仰ぐ」を書いて、公然と西田哲学を批判した。

この論考のはじめに田辺は、まず西田への深い敬意を率直に表現する。また、西田の著作の「随所に鏤《ちりば》められた深き体験より迸出でたる思想の珠玉は、消えざる教の光に輝いて居る。私達は唯感謝を以て此教に自己を養わなければならぬのである」とも書いた。

職場を同じくし、西田の近くに接することができる自分は、これまでも疑念があれば、西田に直接問い、教えを受けてきた、それは「恵まれたる幸福」だが、皆が同じ境遇にいるわけではない。そうした者に、何らか得るところがあることを願って筆を執るといい、田辺はこう続けた。

先生の深き思想は、先生のそれの如く深き思索生活の、長き努力に由ってのみ、完全に理解せられるものであろう。少くとも後進未熟の私如き者に対しては、同時に理解の困難なる所決して少しとしない。

西田の哲学は、西田と同質の経験を経た者には理解されるのだろうが、そうではない者には、理解することが困難な点が少なくない。哲学とは、特殊な経験に訴えるのではなく、哲学を読む、そのこと自体が経験にならなくてはならない、と田辺は考えた。体験による哲学は、真実の開示を体験者に限定する。あまりに体験を前提にする態度は、哲学の使命である普遍の希求を前に、不徹底であることを免れないというのである。

「宗教的体験そのものの立場」としての絶対無と、その哲学的反省は、厳然と区別されなくてはならない、そういったのは西田自身だった。それにもかかわらず、書かれているのは、経験のない者にはとうてい理解の及ばない世界の出来事ではないのか。

宗教的体験のもとにしか、真の哲学が形成されないのが前提であるならば、哲学は、宗教的世界に後続するものに過ぎない。田辺は、そうした西田の態度に「根本の疑問を懐かざるを得ない」とまで言った。

この発言は、当時の哲学界に激震をもたらした。田辺以前に、西田に対し公然と、これほど明瞭な批判の言葉を発した者はいなかったからである。このとき、すでに西田は京都大学を退いているが、学内外には、強固な西田幾多郎の思想的山脈が形成されていた。西田の「名声」は不動だと思われていたのである。

西田の意図とは別に、世は「西田幾多郎」という偶像を作り上げてもいた。偶像崇拝者に、実像はいつも見えにくい。その分だけ田辺への偏見も厳しかった。余波は今日まで続き、西田に比べ田辺の哲学が、必ずしも正当な評価を得られていない原因にもなっている。

ここで田辺が言う「宗教的体験」もまた、入信をともなう特定の宗派的体験を意味しているのではない。それは広く、超越的実在に向き合う人間の経験を意味する。むしろ、西田も田辺も、狭義の意味での宗派的宗教から人間を解放するのが哲学の使命である、と考えている点では一致している。田辺が批判するのは、「宗教的体験」の閉鎖性である。この問いは、今日でも日々、新たに問い直されなくてはならない。哲学とは、形而上の次元において万人につながろうとする営みである。この事実は、いつの時代においても変わらない。

西田への敬意において、自分は人後に落ちないと言った田辺の言葉を、周囲がそのまま受け取ることはなかった。人々はそこに儀礼を読みとった。しかし、田辺ほどの熱情をもって西田を読んだ者が、同時代にどれほどいただろう。

真実の批判が行われるとき、その言葉が最初に切るのは、発した者自身である。それは、あたかも胸を切り裂いて生まれてくるようですらある。そこに至らなくては、言葉も発するに値しないことを熟知していたのは、田辺自身である。後年、彼は、その言葉を自らの生によって生きることになる。最晩年に試みられた「死の哲学」、より正確には「死者の哲学」の樹立がそれである。

田辺は、終戦間際の一九四五年七月から北軽井沢で暮らした。彼にとってそこは、避暑地である軽井沢ではなく、冬、氷点下十度を下回る無人の極寒地となる場所である。田辺が『懺悔道《ざんげどう》としての哲学』を書いたのは、一九四六年である。彼は、国立大学の哲学教授として、多くの若者を戦地に送った。そのとき、自分は国家に対してはっきりと反対の意を示すことができなかった。この点において、自分にも果たさねばならない戦争責任があると考えた。軽井沢への移住は、その帰結である。そこに暮らす姿は「厳しい懺悔苦行の生活」だったと、下村寅太郎は書いている。移住してから十五年間、彼はこの地を一歩も出ることはなかった。

そこで彼は、ほとんど修道僧を思わせる清貧の生活を続けた。妻のちよは、どこまでも田辺に忠節を尽くす。それは夫の言いなりになることではない。彼に降りかかる困難を共に生きることにおいて、ちよは最後まで田辺に随伴した。病身の彼女に、その地の寒さはあまりに過酷だった。一九五一年九月十七日、ちよが亡くなる。五十五歳だった。

田辺元が亡くなるのは十一年後、一九六二年四月二十九日である。最晩年の五年間、文字通り全身全霊を籠めて書いたのが、「死者の哲学」だった。彼は自身の試みを、「生の哲学」に対し「死の哲学」と呼んだが、論じられているのは、生の対極にある死の概念ではなく、生者と死者の交わり、すなわち死者との「実存協同」である。

「生死輪廻の宗教はすでに科学の啓蒙に依って払い去られたとはいえ、なお我々の生が何処から来て何処に去るか、生存の意味如何、死の不思議はいかに解すべきか、という如き問は、依然として私達の哲学的思索の主動力となって居る」と、「生の存在学か死の弁証法か」のはじめに田辺は書いている。

科学は輪廻のないことを証明したかに見えるが、死をめぐる神秘が解決されたわけではない。私たちは、依然、どこから来て、どこへ去るのかを知らない。その解明に捧げられる問いこそ、哲学が生まれる始原にほかならないというのである。

ここで彼が「死の不思議」と書くのは、死者の臨在である。生者と生者が結びつくのとは別な次元で、実存協同としか呼びようのない「不思議な」関係が、死者との間に生まれる。実存とは、現実存在の略語である。死者との実存協同とは、失われたはずの死者が、現実に存在し、全身を賭した関係において生者と共に今に生きることである。

田辺は、ちよの死を静かに受け止めながら思索を深め、ついに死者の哲学を構築した、というわけではない。彼は、これまで引いた文章からは容易に想像しがたい、うめきと悲嘆、身を焼くような後悔と、不可視な死者に対し懺悔を繰り返す日々を送った。下村寅太郎への手紙に田辺は、亡妻を思い、慟哭《どうこく》したと書いていたという。また、田辺は内心を歌に詠んでいる。以下の歌は、一九五三年九月十九日、ちよが亡くなって二年後、野上弥生子《のがみやえこ》に送った書簡に記された。

生きかへれ生きかへれ妻よ生きかへれ　汝《な》れなくて我いかでか生きられん
わがために命ささげて死に行ける　妻はよみがへりわが内に生く

生き返れ、生き返れと妻にむかって叫ぶ。生き返ることがなければ、どうして自分が生きていくことができようかと悲嘆する。もう一つの歌の風景は異なっている。自分のために自らの命を捧げ、逝った妻は、今よみがえり、自分の中に生きている、と彼は歌う。二つの歌は、同じ日の手紙に書かれている。よみがえりを希求する心と、新生を感じる魂の間で、田辺の心は大きく揺れている。

こうした歌はいくつもある。野上への書簡だけでなく、田辺はひとり、ノートにそれを書き込んでいた。以下に引くのは、ちよの没後五年を経た時の歌である。「この悦び」とは、ある大きな論文を書き上げたことを指している。

この悦び共にする人ありやなしや天地の間にひとり立つわれ。

悦びを分かち合える人は、いるのだろうか、それともいないのだろうか、天界と地上界のはざまにひとり立ち尽くしている、と歌う。死者はときに顕われ、ときに消える。彼は自分の感覚を信じ抜くことができない。また、こうも詠んだ。

なれなくてわれひとり生くる五年のうつろの命はやく絶えぬか。

妻よ、あなたがいなくなって五年の歳月が過ぎた。すでに生気を失ったこの命よ、早く絶えろ、と彼は虚空に叫ぶ。以下に引く、田辺が自著で引用したマラルメの言葉は、そのまま田辺自身の経験だといってよい。ある性質の言葉は、それを真に経験した者によってのみ発掘される。

無限の動揺闇黒は自覚の光となる。これまさに完全なる確実性といわるべきものである。その聴く所は他ならぬ自己の胸の鼓動であるからには、逃れんと欲するも逃れるすべはない筈である。

身を切り裂くような孤独にさいなまれ、闇に吸い込まれそうになって存在が揺れる。だが、そうした存在の危機の経験が、かえって自己の実在を照らす確かな光となる。それが真実であることを私たちが知るのは、視覚や聴覚によってではなく、湧き上がる胸の鼓動にほかならない、というのである。

人は言葉を聞くとき、何を言っているかだけでなく、言葉それ自体の動き、律動を感じている。どんなにたどたどしい発言にも真理を感じ、流暢《りゅうちょう》な言葉であっても嘘を見る。人は皆、死者の言葉が、どんな律動をもっているかを知っている。私たちをふと訪れ、無音の声として顕われる静謐《せいひつ》なる流れがそれだ。それは見えず、聞こえない。しかし、胸に衝撃をもって迫りくる。

私が存在するのは、私の努力によってではない。むしろ、私を私たらしめているのは、他者である。他者が、私たちの生をまったき者へと変貌させる。他者は、生者とは限らない。田辺は、死者の哲学を論じながら、真実の語り手が自分一人でないことをはっきりと感じている。彼には病床の妻から耳にした言葉や、そこで見たもの、そして彼が我知らず口にした過去の言葉が、まざまざとよみがえってきただろう。

野上弥生子に送った書簡から推察すると、田辺が死者論「生の存在学か死の弁証法か」を書き始めるのは、一九五六年である。だが、これは生前公刊されることなく、遺稿となった。西谷啓治はこの論考にふれ、試みられたのはハイデガーとの対決であると言ったが、それを読む者は、田辺が西田に向けた批判と同質の言葉を、ハイデガーに向けて書いているのに気がつくだろう。

田辺は一九二二年から二三年にドイツに留学し、ハイデガーに学んだ。ハイデガーも、田辺の実直な人格とその哲学を認めた。田辺にとってハイデガーは、文字通りの師である。野上への書簡にも、ハイデガーに評価されたのは、彼のひそかな誇りであると書いている。

田辺にとって思索とは、ひたすらに真理へ邁進することだった。そこに障壁となるものがあれば、全身を賭してそれを突破しようとする。たとえそれが師や敬愛する人物の思想、あるいは評価の定まった古代の哲学者たちの軌跡であったとしても、彼は退くことはなかった。その営為が我が身を傷つけ、大きな痛みを伴う結果になろうとも、彼はその営みを中止することはなかった。

一九六一年、『マラルメ覚書』を書き上げた翌年の元旦、田辺は入浴中に倒れ、群馬大学病院に入院し、以後、逝くまで病床から離れることはなかった。彼にとって死者の哲学を樹《た》てることは、文字通り命を賭した営みであった。

これまで何度か、野上弥生子の名前を出した。彼女もまた、北軽井沢に別荘をもっていた。それが田辺の家から徒歩で七、八分のところにあった。弥生子はちよと友達になり、贈り物をもってしばしば病床を訪れ、会話を楽しんだ。ちよが亡くなったとき、役務に奔走したのも彼女だった。そのことに対する礼状が、田辺と文通をするきっかけになる。書簡の往復は田辺が斃《たお》れるまで、十年にわたって続けられた。

弥生子は春に軽井沢に来て、寒さが厳しくなる前に東京へ帰る生活を続けた。彼女が近くに暮らしている間は、週に二回、決まった時間に、田辺は弥生子のためだけに自宅で哲学を講じた。これも手紙と同じく、最後まで行われたのである。

冬、田辺の生活は孤独だった。ほとんど話すこともない。彼はひたすら読み、考え、書くだけの日々を送る。軽井沢は雪深く、彼は雪解けの季節まで、散歩をすることもできず、家から出ることもない。そこで彼を慰めたのは、弥生子からの手紙だった。

ある書簡で二人の出会いにふれ、田辺は弥生子にこう書き送った。

兄か姉かあらずふしぎの縁なり　亡き妻のゆひし友情の絆
君と我を結ぶ心のなかだちは　理性の信と学問の愛
新しき世界建設に身を尽す　行を措きて生くる道なし
新しき世に備へする思想の外に　われらの生甲斐何に求めん
君とわれこの信念を共にすと　思へば固し友情の根よ

なぜ、出会えたのか分からない。しかし、もともと亡妻の友人だったあなたが、近くにいてくれる。二人の間にあるのは、「理性の信と学問の愛」である。来たるべき世界を準備する思想の樹立のほかに、私たちの生きがいがほかにあろうか、というのである。二人の間にあるのは、いわば高貴な友情である、と田辺は書き送る。

これに対して、弥生子の返信は様子が異なる。彼女は詩をもって、田辺の言葉に応える。

あなたをなにと呼びませう
師よ
友よ
親しいひとよ。
いつそ一度に呼びませう
わたしの
あたらしい
三つの星と。
みんなあなたのかづけものです
救ひと
花と
幸福の胸の星図

弥生子が夫豊一郎を喪ったのは、一九五〇年、田辺の妻ちよの亡くなる前年である。このとき二人は、ともに独り身だった。野上にとって田辺は、救済を説く師であり、美を分かち合う友であり、胸の高鳴りをもたらしてくれる愛する人でもあった。日記に弥生子はこう記した。「こんな愛人同士というものが曾《か》つて日本に存在したであろうか」。

ここにあるのは恋である。しかし、この恋は、単に肉体が求め合うそれであるより、全身をなげうち相手を思う営みである。思いは必ず魂にふれる、そう二人は信じ、事実、互いにそれを享受した。

二人は同じ年に生まれた。田辺の家では、彼が教え、野上が学ぶという形式を守ったが、手紙に見るのはむしろ逆の構図である。死者の哲学の意義を最初に理解したのも、弥生子だった。真実の読者がひとりいれば、書き手は言葉を紡ぎ続けることができる。この事実を感じていたのは田辺だけではない。弥生子もまた、そう感じていただろう。

弥生子がいなければ、死者の哲学は書かれなかっただろう。「うつろの命はやく絶えぬか」との歌のとおり、彼の肉体は、思索と執筆に耐えてそこまで長らえることはできなかったと思われる。

死者論に着手するまでに田辺は、ちよの没後五年の歳月を要している。その間、彼は数理哲学や理論物理学、あるいは相対性理論への哲学的考察の論考を書き続けた。

これらの論考群で彼が論じたのは、時と永遠の問題である。時間は過ぎ去り、戻らない。しかし、時間は、時間論からでは解決のつかない問題を逆説的に披瀝《ひれき》し、過ぎゆかない「時」があることを私たちに教えている。そのことを彼は、科学と対決することで論証しようとした。この主題は、最後の著作となった『マラルメ覚書』へと引き継がれることになる。

それは、常識的には既に過ぎ去ってもはや無いと思われるところの過去を、現在記憶に存続するものとして「過去の現在」と解し、また未だ来らざる従ってまだ無い未来を、現在の予期に於てあるものとして「未来の現在」と解するのである。かくして既にあらざる過去も、未だあることなき未来も、共に現在に有るものに変様せられて、無いものでありながら有るといわれなければならぬそれらのもつ矛盾を、突破しようとするのである。これまさに「時」の弁証法といわれるべきものに外ならぬ。

「矛盾を、突破しようとする」との一節からも感じとることができるように、彼が論じているのは、かつての西田の「絶対矛盾的自己同一」と同質の世界である。ここで田辺は、西田には一切ふれていない。だが、妻の死から三年後に出された、「時」を論じた「数理の歴史主義展開」では、「私の哲学思索が先生に負う所いかに多きかは、誰よりも私が一番よく知って居るつもりである」、この本をもっとも読んでもらいたいと願うのも、また西田をおいてはいないと、その影響を素直に認めている。

ここに類似を認めるだけであれば、論じる意味は稀薄である。類似は水平的な比較に過ぎまい。問題は、田辺もまた身を削り、永遠を明示しようとして、彼の道を行ったことにある。

生者と死者との関係は、時間と永遠の世界それぞれにおいて、現実として生起する。だが、時間から永遠の全貌をうかがい知ることはできない。なぜなら、時間があって永遠があるのではなく、永遠が時間を現出しているからである。

コミュニオン（communion）という言葉がある。超自然的世界との交流、ことに死者との交わりを意味する。カトリシズムには、「聖徒の交わり（communio sanctorum）」という教義がある。田辺が「聖徒の交わり」への思索を深めたのは、妻の没後ではない。彼女の生前に書かれた『力学哲学試論』において、すでに言及されている。この思想が、のちの死者論「生の存在学か死の弁証法か」においては、中核的主題へと変じていく。田辺はこう記している。

それ〔聖徒の交わり〕は生者が自力浄化に依って聖者となり、聖化せられた死者との交わりに入ることを意味するのでなく、両者の交互愛を通じ、生者が死者の清浄に感応し媒介的に浄化せられて、生死を超ゆる聖なる道交における実存協同を成すという意味であろう。

それは聖人となった特定の死者との交流ではなく、生者と死者との愛を媒介とした、永遠の次元における「交わり」、すなわち「実存協同」だというのである。この教えを必ずしも忠実に生きていないのは、現代のカトリシズムではないだろうか。もし、それが現代に脈々と息づいていたなら、このたびの大震災後、必ず死者との協同を積極的に語っただろうからである。

「聖徒の交わり」はすでに、現代のキリスト教では、生者であるキリスト者の交流のみを意味する傾向が強い。すでにコミュニオンの原義すら確認することは難しい。

コミュニオン（communion）は、大文字でCommunionと書くと、ミサにおける聖体拝領を意味する。それは、死して復活したキリストの「からだ」である種なしパンを授けられる秘蹟を指すが、コミュニオンの意味が変質した現代では、その真義が曖昧になることがあっても、驚くべきことではあるまい。田辺の言葉には、カトリックの伝統への敬意を感じ取ることもできるが、現代の宗派としてのカトリシズムへの、痛烈な批判を読むこともできる。以下に引く田辺が書いた一節を、現代の宗教者あるいは信仰者はどのように読むだろう。

愛を人間の道として教説勧誨するに過ぎないならば、なお未だ自己の活ける信仰を他に頒ち伝えることはできぬ。そのような宣伝教誨の観念論よりも、死の決断、愛の実践こそが遥に重要なのである。原子力時代はいわば「死の時代」である。近世の生本位、科学技術万能の時代は、現在その終末に臨んでいるといわなければならぬ。

ほとんど預言者の言葉だと言ってよい。震災後、信仰者は見えるものに力を注ぐばかりで、あまりに不可視なものを語らなすぎたのではなかったか。

以下に引くのは、「生の存在学か死の弁証法か」の補遺にある一節である。田辺の死者論の結語であり、悲願であるといってよい。田辺の文章はときに難解である。ゆっくり彼の律動を感じながら、読んでいただきたい。

「生の哲学」の行詰まりに徹しその限界を悟って「死の哲学」に転ぜられたものが、さきに実存協同と名づけた死復活者の交わり、カトリックにいわゆる「聖徒の交わり」において、生死を超える境涯で各自自己固有の真実を学び悟ると共に、これを他の衆生に回施しそれぞれにその真実を学び悟らせることに専念努力するとき、新しき「死の哲学」が菩薩道を現代的に復興創造することができるのではあるまいか。

「聖徒の交わり」と共に彼が論じるのは、仏教の伝統である「菩薩道」あるいは「菩薩行」である。菩薩とは、救済を約束された存在でありながら、あまねく衆生《しゅじょう》を救い上げるために、この世に残り、「自己の悟道よりも先に他人の悟道解脱を意図」する者である。死者の「生」は、自ずと菩薩道になり、生者の毎日を導く。死者の愛は、いつも存在の暗夜に苦しむ生者の復活に捧げられている。次の一節は、彼の死者論の極点であると共に、哲学者田辺元の告白にもなっている。

自己の復活は他人の愛を通じて実現せられる。自己のかくあらんことを生前に希っていた死者の、生者にとってその死後にまで不断に新にせられる愛が、死者に対する生者の愛を媒介にして絶えずはたらき、愛の交互的なる実存協同として、死復活を行ぜしめるのである。

先立つことは、おそらく人間が行い得る、もっとも貴い愛の表現である。それは、残された生者への永遠の愛を誓うことに等しい。死者の愛を受けた生者は、依然苦しみを恐れ、死への不安からは解放されない。そうだとしても、死者との再会は、生者が眼前の怖れをのり越え、苦痛に耐えるのに十分な動機となる。死者と出会うために、死の到来を待つ必要はない。死者は、今も傍らにいる。私たちが耐えなくてはならないのは、死者が近づくゆえに感じる悲しみだけである。最後に、最晩年の田辺が詠んだ歌を引く。

大晦日けふの夕空金色に焼くわれの末期もかくあればこそ。

このとき彼が、夕空の向こうに亡くなった妻の姿をまざまざと見たことを、どうして疑うことができるだろう。この翌日、彼は倒れ、死の床についた。

3

「うつわ」としての私
――いま、『生きがいについて』を読む

『生きがいについて』は、神谷美恵子の主著である。その生と哲学は、この書に始まり、還ってくる。その最初に彼女は、こう書いている。

平穏無事なくらしにめぐまれている者にとっては思い浮かべることさえむつかしいかも知れないが、世のなかには、毎朝目がさめるとその目覚めるということがおそろしくてたまらないひとがあちこちにいる。ああ今日もまた一日を生きて行かなければならないのだという考えに打ちのめされ、起き出す力も出て来ないひとたちである。耐えがたい苦しみや悲しみ、身の切られるような孤独とさびしさ、はてしもない虚無と倦怠。そうしたもののなかで、どうして生きて行かなければならないのだろうか、なんのために、と彼らはいくたびも自問せずにいられない。

この著作は、一九六六年に刊行された。刊行から半世紀強のあいだ、静かに今日も読者を獲得しつづけている。「生きがい」は常なる問題だから、この神谷の著作も特定の時期にだけ読まれるべき性格のものではない。だが、大震災後の今は別である。震災下からの復興を目指す人々に例外なく必要とされているのは、「生きがい」である。人は、食物を食べないと生きられないように、「生きがい」を離れて生きることはできない。

神谷美恵子は精神科医であり、その分野の優れた研究者でもあった。ギリシア語、ラテン語に通じ、英独仏語を教える教師の職にあった時期もある。だが、その生涯が終わった今日、その本性は哲学者だったことが分かる。

『生きがいについて』は、彼女が精神科医として働いたハンセン病療養施設国立長島愛生園の入園者たち、すなわち「らい者」との交わりのなかに生まれた。かつて「らい者」は、その病ゆえに社会から隔絶することを強いられた。戦前、療養所行きを強いられた自身の経験を語る人物は、それが「強制収容」であり、療養所は、かつて「収容所」と称されなくてはならない環境下にあったと証言している。

「らい者」の歴史には、筆舌に尽くしがたい苦痛と懊悩《おうのう》、嘆息や悲しみ、絶望あるいは怒りがあった。また、それのすべてが今日、解決されたわけでもない。だが、時代に横たわる無数の困難と試練を一身に引き受けて、「生きがい」という普遍につながる道を発見したのも、彼らだった。

この本は、社会はいつも、過酷な状況を強いられた人間によって支えられていることを教える。また、社会とは単に不特定多数の集団を意味するのではなく、ときに他者に向かって開かれようとする一個の魂がそれを代表することを、私たちは知らされるのである。神谷は「生きがい」を喪失した人にふれ、こう述べている。

こういう思いにうちのめされているひとに必要なのは単なる慰めや同情や説教ではない。もちろん金や物だけでも役に立たない。彼はただ、自分の存在はだれかのために、何かのために必要なのだ、ということを強く感じさせるものを求めてあえいでいるのである。

この言葉は、支援する方の視座からだけで現況を判断することの、不十分さと危険を指摘している。「慰めや同情や説教」あるいは「金や物」だけでは、人間の根底を支えることはできない。

発言する前に、私たち自身が、試練のただなかにある人々に寄り添い、彼らの声を聞くことを始めなくてはならないことは、今も、神谷美恵子の時代も変わらない。「自分の存在はだれかのために、何かのために必要なのだ」、その実感がなければ人は生きていくことができない。私は、まったく同じ言葉を、ほとんど同じ語調で、日本最初のハンセン病療養施設である神山復生病院で暮らす「らい者」から、数カ月前に直接聞いた。

現在は、「らい」ではなく、ハンセン病と記される。「らい者」という表現も、病を通じて人間を見ることを連想させ、近年では用いられない。だが、『生きがいについて』を一読すれば分かるように、神谷美恵子の試みとは、病気だけを見て、そこに人間存在を忘れた現代への異議申し立てだったことは明らかである。彼女が「らい者」と書くとき、そこにあるのは、苛烈な試練を生きることを強いられた人間たちへの畏敬であり、生活を共にした同胞への友愛である。ここでは神谷の記述に従って、「らい」あるいは「らい者」と書く。

「らい」は、かつては不治の病として恐れられたが、もともと感染性の低い病である。現代日本で発症することはほとんどなく、たとえ発症しても、適切な医療を施せば全治する。

科学は病を封じたが、病で苦しんだ人々の傷を癒したわけではない。かつては「らい者」を拘束した法律も改正された。しかしそのことは、私たちが「らい者」の強いられた辛苦を忘れ、あるいは軽んじてよいことを意味しない。また、神谷美恵子を偶像化することから、何かが生まれるとは思えない。

『生きがいについて』が刊行されると神谷美恵子は、「救らいの使徒」であるかのように報じられ、また、語られもした。そうした「神話」は、今も続いているのかもしれない。当惑したのは神谷自身である。

第二作である『人間をみつめて』のあとがきに彼女は、自分は伝道者ではなく、一介の精神科医に過ぎないと述べ、「こちらの考えを説教するのではなく、相手の心の世界を知り、できればそれに通じることばを発見しようとするのが第一の任務である」と書いた。託されているのは、言うことではなく、聞くことだというのである。彼女が「らい者」を包み込んだというよりも、「らい者」たちが彼女を迎えたと書いた方が、事実に近い。人が真に他者を招き入れるところには、人間以上の働きが生まれる。この著作にしばしば引かれる匿名の手記を読むと、そこには深い嘆きと真摯な響きが並存していて、個性の表現がなりを潜め、言葉が普遍にむかって静かに沈んでゆくのを目撃するだろう。

神谷は『生きがいについて』で、文字通り古今東西の哲学者、宗教家、詩人、作家をはじめとする芸術家たちの言葉も引いているが、彼女自身が書いているように、「主役はらいのひとたち」である。そこには、名前の上がらない無数の「らい者」と、彼らを看護し介護した人々、そして彼らの家族の無音の声が刻まれている。以下に引くのは、この著作の結語である。

現に私たちも自分の存在意義の根拠を自分の内にはみいだしえず、「他者」のなかにのみみいだしたものではなかったか。五体満足の私たちと病みおとろえた者との間に、どれだけのちがいがあるというのだろう。私たちもやがて間もなくおとろえて行くのではなかったか。〔中略〕これらの病めるひとたちの問題は人間みんなの問題なのである。であるから私たちは、このひとたちひとりひとりとともに、たえずあらたに光を求めつづけるのみである。

神谷が考える「生きがい」は、「他者」との邂逅と協同に収斂する。人間の努力やそれを裏打ちするような経験も、すべてその道程である。私たちを狭い「個」から救い出すのは、いつも他者である。「個」から決して離れてはならないと、個の絶対性を貴ぶのもまた、他者である。

他者とは、必ずしも眼前に現われる人物でなくても構わない。「たとえ独房のなかで死と直面していようとも、肢体不自由の身で島にとじこめられていようとも、自分の生は全人類の生の一部であり、自分は皆に対して意味と責任を担っているのだと思い至るとき、ひとはしっかりと顔をあげて堂々とその生を生きぬくことができる」とも彼女は書いている。他者は、必ずしも生者とは限らない。同書の第五章「生きがいをうばい去るもの」に神谷は、こう書いている。

しかしやき場で骨を拾うとき、骨壺をかかえて帰るとき、墓の前にたたずむとき、愛する者の存在がただそこにあるものだけになってしまったとはどうしても思えない。のこされた者の心は故人の姿を求めて、理性とは無関係にあてどもなく、宇宙のはてばてまで探しまわる。今にも姿がつかまえられそうな、声がききとれそうな、そのぎりぎりのところまで行って空しく戻ってくるくやしさ。そのかなしみはひとの心をさまざまな迷路に追いやって来た。

骨を拾い、骨壺を抱えて帰ったのは神谷自身である。彼女は、容易に癒し得ない喪失と共に、「生ける死者」の臨在を感じている。しかし、生者は死者を思うとき、しばしばその姿を見失い、空しさと悲しみに包まれ、嘆息し、迷路に迷い込む。絶望と希望は、彼女の中で長い間、分かちがたく並存していたのである。彼女は、先の一節の前に、「将来を共にするはずであった青年に死なれた娘の手記」として、以下の言葉を引いている。

突然おそろしい音を立てて大地は足もとからくずれ落ち、重い空がその中にめりこんだ。私は思わず両手で顔を覆い、道のまん中にへたへたとしゃがみこんだ。底知れぬ闇の中に無限に転落して行く。彼は逝き、それとともに私も今まで生きて来たこの生命を失った。

「彼」とは、神谷の恋人だった野村一彦である。神谷美恵子の年譜には、野村のことを記載していないものも少なくない。野村は、彼女の兄、陽一の友人だった。彼女は絶筆となった自伝『遍歴』でも、野村にはふれていない。私たちがこの事実と周辺の出来事を知ることができたのは、遺族の協力を得ながら未刊行の資料をもとに書かれた、太田雄三の『喪失からの出発　神谷美恵子のこと』（岩波書店）によってである。その後、野村の手記の一部が公刊されている。

彼女たちは恋人とはいっても、互いの思いを確認しながらも、二人きりで会ったことすらない間柄であった。しかし、その分だけ思いは強く、つながりは深かった。「会うという事は、目でもって愛し合う事になるけれども、会わずに居る事は魂をもって愛し合う事を教えられる」。野村の日記にある一節である。これが二人の愛のかたちである。また、彼の死に直面した彼女の心境を語る言葉が、「或る日本女性の手記」として『生きがいについて』に記されている。

何日も何日も悲しみと絶望にうちひしがれ、前途はどこまで行っても真暗な袋小路としかみえず、発狂か自殺か、この二つしか私の行きつく道はないと思いつづけていたときでした。

一彦の死後、美恵子は自殺を考え、あるいは精神に異常をきたすことを真剣に危惧しなければならないほどの危機に瀕する。ここで見た二つだけでなく、太田も指摘するように『生きがいについて』には、匿名者の手記として神谷自身の経験が複数述べられている。

しかし、その前に引いた「骨を拾うとき」の一節は違う。彼女はつくろうことなく自分の言葉として書いた。執筆に当たっては、「自らをなまの形で語ることをむしろ避けることにつとめた」と述べているように、慎重に抑制された態度で書かれたこの著作で、死者を語る彼女の言葉は語調が異なる。それは、彼女の魂の経験をうかがわせる、もっとも端的な記述だといってよい。

『生きがいについて』とそれ以降の著作において、もっとも顕著な差異は、彼女の死者観である。続編である『人間をみつめて』に、彼女はこう書いている。「愛する者との別れ、といってもほんとうは別れでなく、べつな状態で存在するだけなのだ」。ここにはすでに、死者を求める彷徨者の影はない。死別とは「ほんとうは別れでなく」、死者は「べつな状態で存在する」ことへの確信がある。

「生きがい」は、外国語に翻訳することが難しいと、神谷は指摘する。近接する考え方は外国語にもあるが、そのものに該当するような言葉は見つからない。欧米の思想家にも、「生きる意味」を問う思想家はいる。しかし、それは「生きがい」の一部にふれているに過ぎない。言葉がない実状は、実在もまた把握されていないことを示している。

この本を書きながら、彼女は、「生きがい」を論じることは、日本だけでなく、世界に向けて問いを発することになると感じている。彼女の願いは、自己表出にあったのではない。離島で沈黙を強いられた「らい者」の声を、世界に向かって解き放つことにあった。

事実、草稿を書き上げた一九六三年、彼女はアメリカ、フランスにわたって、さまざまな人との対話をはじめる。そこにはハンセン病療養施設で働く人々だけでなく、フランスの哲学者ミシェル・フーコーも含まれる。神谷は翻訳を通じて、フーコーを日本に紹介した初期の人物でもあった。

一九六一年九月十一日の神谷の日記には、こう記されている。「これこそ自分の一ばん大切な仕事である事は、やればやるほど明らかになるばかりだった。このために生きて来たといえる位である。それを次第次第に発見して行くおどろきとよろこびとかしこみ！自分の生の意味がだんだんに自分に明らかにされて行くということの可能性を私はほんとうに想像さえしていなかった」。精神医学、哲学の研究成果も、医師としての実践も、あるいは文学、芸術の研鑽《けんさん》も、すべて『生きがいについて』に収斂することを、彼女は実感している。

この「らい者」との協同に、彼女は文字通り身を削り、捧げた。「これこそ自分の一ばん大切な仕事」と同時に、「最後」の仕事になるかもしれないことを、彼女は感じていた。愛生園に来る前年、彼女は子宮がんを患っている。がんは、今日でも依然脅威だが、一九五〇年代ではほとんど「不治の病」だった。

彼女の「島日記」には、初期がんで、ラジウム照射で進行を食い止めたと書かれている。事実だろう。彼女が亡くなったのも、がんが直接的な原因ではなかった。しかし、彼女の内心にある思いはまったく別である。

自身が医師でもあった彼女は、再発はいつでも起こり得ることを認識していた。『日記』に記されているように、残された時間がどれほどあるか分からない、そうした思いは生涯、彼女の念頭を離れることはなかった。この病が、彼女をいっそう「らい者」に接近させる。明らかに時が限られている、そのとき何をなすかを考えて、彼女は愛生園に向かった。

彼女が愛生園で診療を始めたのは一九五七年、『生きがいについて』の構想を練り始めたのは、一九五九年である。このあいだに彼女は、「学者」から「哲学者」へと変貌したといってよい。「学者」は文献に文字を追う。しかし、「哲学者」は人と歴史に不可視な意味を見出す。

来園の年から二年間、彼女が診療の傍ら「らい者」に協力を依頼したのは、面談と書面調査である。この結果に基づいて、神谷は複数の論文を残している。しかし、調査結果を読み込んでゆくうちに、「生きがいというような奥深い問題を探究する上で意味のあるものは、むしろそうした機械的調査のあらい網の目からは洩れてしまうもののなかにふくまれていると思われ」てくる。

一九五九年十二月二日の日記の一節である。「私の心はこの長い年月に感じとったもので一杯で苦しいばかりだ。それを学問と芸術の形ですっかり注ぎ出してしまうまでは死ぬわけにも行かない。ほんとの仕事はすべてこれからだというふるい立つ気持でじっとしていられない様だ」。このとき、彼女はすでに論文を書き上げている。学問だけでは「ほんとの仕事」は完成しない。そこにはどうしても芸術の世界が介入してこなくてはならない。すなわち定数化できない要素が問題の核をなしていることに気がつく。彼女は、原稿を最初から練り直す。書くにあたって、論文の執筆の際には「こぼれ落ちたもののなかから考える材料をひろいあげ」ることに力を注いだ、と彼女は記している。

「声」を聞いた者は、それを聞かなかったことにはできない。この著作が、書き手の当初の意図を超えたところで書き始められていることに、注目しよう。「らい者」の声が、学術論文に収まることを拒んだのである。彼女が「らい者」を用いたのではなく、用いられたのは彼女の方だった。

彼女が叔父と共にハンセン病療養施設多磨全生園を訪ねたのは一九三三年、十九歳のときである。恋人だった一彦が急逝したのは、この訪問の二カ月前ほどだった。次に引くのは、彼女が十年後、二十九歳のときに書いた詩「癩者に」の一節である。

何故私たちでなくてあなたが？
あなたは代って下さったのだ、

代って人としてあらゆるものを奪われ、
地獄の責苦を悩みぬいて下さったのだ。

この言葉は、彼女が、自他の区別が消え去る存在の深みをかいまみたことを伝えている。人は、自分のために学び、本を読み、書く。しかし、この時空に足を踏み入れた者にとって「学ぶ」とは、狭隘《きょうあい》なる自己の殻を打ち破り、隣人と手を結ぶことであり、「読む」とは未知の他者との邂逅を準備することだった。また、その上で、「書く」ことは、彼女にとっては隣人と共に、世界に踏み出すことだったのである。

彼女は「らい者」を憐れんだのではない。神谷美恵子の実践ほど、単なる憐憫から遠いものはない。憐れみは、ときにうつろいやすく、施そうとした途端に変質してしまう。病に目を奪われる者は、その奥にあって、あらゆる衝撃にも決して侵されない魂の存在に気がつかない。病は存在しない。在るのは病に苦しむ人間だけである。病を見てはならない。向き合うべきは、その奥に生きている実在である。先の一節に、彼女はこう続けている。

許して下さい、癩者よ。
浅く、かろく、生の海の面《おも》に浮かび漂うて、
そこはかとなく神だの霊魂だのと
きこえよき言葉あやつる私たちを。

かく心に叫びて首《こうべ》たるれば、
あなたはただ黙っている。
そして傷ましくも歪められたる顔に、
かすかなる微笑みさえ浮かべている。

彼女は、誰かに見せるためにこの詩を書いたのではない。詩が生まれるまでには、十年の沈黙がある。「らい者」との遭遇は彼女から、ひとたび言葉を奪った。この間に彼女は結核を病み、死線をさまよう日々を送らねばならなかった。後日、この頃の経験が『生きがいについて』を執筆する動機になったと書いている。
「らい者」との遭遇は、彼女の信仰の在り方にも変貌を強いる。神谷美恵子に言及す

る者の多くは、彼女とキリスト教への信仰に言及する。しかし、彼女はキリスト教徒ではない。

彼女が敬愛した叔父金澤常雄、藤井武、恩師である哲学者三谷隆正は皆、内村鑑三の無教会派に連なる人々である。その血脈を考えても、彼女をキリスト教徒と呼ぶことは適切ではない。「浅く、かろく、生の海の面に浮かび漂うて／そこはかとなく神だの霊魂だのと」発言することを止めるところから、彼女の求道が始まったのである。むしろ彼女は、ひたすらに狭義の宗教である「宗派」「宗旨」から人間を解放する道を探った。「〔人間は〕宗教的な次元をぬきにしては苦悩の中にあってもなお人間が人間らしくありえないのではないかと思えるのだが、さりとて特定の宗教の形式にこだわる気にはなれない」、そう書いたのは、一九七一年、五十七歳のときである。『生きがいについて』と同質の言葉は、もちろん彼女の著述に幾重にも連なっている。晩年の彼女は、老年になってみると、若くして十字架上で死んだキリストよりも、長く生きた釈尊に惹かれるとも発言している。『生きがいについて』で彼女は、「宗教」の原型である「原宗教」ともいうべき実在にふれる。

それ〔本当の意味での「宗教的信仰」〕はただ、欲求不満への代償とか、死の恐怖への防衛とか所属感の恢復などという消極的なものではなく、人格に新しい重心のおきどころを与え、新しい統合をもたらすはずである。自己の生存に新しい意味づけをあたえるはずである。そしてまた世界もちがってみえてくるはずである。そのような精神化された宗教、内面的な宗教は必ずしも既成宗教の形態と必然的な関係はなく、むしろ宗教という形をとる以前の心のありかたを意味するのではないかと思われる。

「精神化された宗教」と彼女が書くときの「精神化」は、spiritualisation（仏）あるいはspiritualization（英）の訳語である。この一語は、この本を読み解く上での鍵語の一つでもある。この言葉にどのような光景を見るかで、この著作のもつ意味と深みに大きな差異が生じる。

この術語は、もちろんspirit、すなわち「霊」に由来し、「霊性」を意味するspiritualityと隣接する。ここでの「霊」とは、人間における存在の根源性であり、超越界と私たちが暮らす現象界をつなぐ場でもある。「霊」は身体と魂を包み込む。また、「霊性」とは、現象界の彼方に真実在を希求する衝動であり、それは生来人間にそなわっている、いわば聖なる本能の表出である。この訳語はむしろ「霊化」あるいは「霊性化」と訳す方が、彼女が用いている本来の語意に近い。鈴木大拙ならばそう訳したに違いない。「精神化された宗教」を「霊性化された宗教」と訳しなおしてみる。風景は一変するだろう。

人は、「霊」によって「生きる」存在である。その事実は肉体の滅びに侵されない。霊性的世界において、死は消滅ではなく新生を意味する。そこは死者の国でもある。死者とは、霊性的世界からの使者の異名でもある。「生きがいを失ったひとに対して新しい生存目標をもたらしてくれるものは、何にせよ、だれにせよ、天来の使者のようなものである」と神谷は書いている。

神谷美恵子に言及しながら鈴木大拙にふれるのを、脈絡のない飛躍だと思われるかもしれない。しかし、大拙を、あるいはその後継者である柳宗悦を読み込んでいたのは、『生きがいについて』を書く神谷自身である。彼女は本文中で、二人の言葉に一度ならずふれている。

次に引くのは、大拙が霊性的世界を講じる一節である。その世界観は、そのまま『生きがいについて』において、私たちの前に開かれたものだと思ってよい。また、以下に用いられている「宗教」も、神谷が意味するのと同じく、「宗教という形をとる以前の心のありかた」を意味している。

普通吾等の生活で気のつかぬことがあります、それは吾等の世界は一つでなくて、二つの世界だということです。そうしてこの二つがそのままに一つだということです。二つの世界の一つは感性と知性の世界、今一つは霊性の世界です。これら二つの世界の存在に気のついた人でも、実在の世界は感性と知性の世界で、今一つの霊性的世界は非実在で、観念的で、空想の世界で、詩人や理想家やまたいわゆる霊性偏重主義者の頭の中にだけあるものだときめているのです。しかし宗教的立場から見ますと、この霊性的世界ほど実在性をもったものはないのです。それは感性的世界のに比すべくもないのです。一般には後者をもって具体的だと考えていますが、事実はそうでなくて、それは吾等の頭で再構成したものです。霊性的直覚の対象となるものではありません。感性の世界だけにいる人間がそれに満足しないで、何となく物足らぬ、不安な気分に襲われがちであるのは、そのためです。何だか物でも失くしたような気がして、それの見つかるまではさまざまの形で悩みぬくのです。即ち霊性的世界の真実性に対するあこがれが無意識に人間の心を動かすのです。

（『仏教の大意』）

大拙は、霊性を体得するとき、日常を否定するような体験が欠かせないと言っているのではない。彼の視座はむしろ逆で、私たちが日常生活を盲目的に過ごしていることに、警鐘を鳴らしている。霊性の経験とは、日常の彼方に飛び出ることではなく、むしろそこに沈むことである。それは、神谷の言う「生きがい」を発掘する営みに近い。表層的にみればいかに即物的であっても、それが真の「生きがい」であるとき、感性、知性を包含し、霊性的である。それは、個を突き抜け、他とつながっている。「生きがい」発見の経験は、ときに神秘的経験の相貌を帯びることがある。しかしそれも、私たちが真実の意味で「他者」に遭遇するための過ぎゆく現象である。哲学者マルティン・ブーバーの言葉を借りながら、彼女はそうした体験は人にある力を与えるが、それも「人生の長い道の休憩所にすぎない」、人はそこから再び現実に戻って「矛盾と葛藤のなかに身をおき、苦しみながら光を求めて生きて行くべき存在なので あろう」と言う。無言のまま「苦しみながら光を求めて生きて行く」姿は、それだけで見た者に何かを告げる、と神谷は言うのである。

神谷美恵子が二十二歳のときにつくった「うつわの歌」と題された詩がある。「器」の声を文字にした叙事詩である。当時、彼女は結核に罹って、死を意識しながら、ひとり療養生活を送っていた。そこに、「愛」は降りつづける、「うつわはじきに溢れ」、まわりにこぼれる。詩は、以下のようにつづく。

こぼれて何処へ行くのでしょう、
——そんなこと、私知らない

私はうつわよ、
愛をうけるための。
私はただのうつわ、
いつもうけるだけ。

彼女は「うつわ」である。「うつわ」は、自分を通じて起こる出来事がどこへ伝播するのかを知らない。「うつわ」は何も与えることができず、許されているのは「いつもうけるだけ」なのである。

これは謙遜の表現ではない。見るべきは深い省察である。神谷美恵子を考えるとき、行為者としての彼女が何を成し遂げたか、あるいはどのような影響を与え、いかに振る舞い、何を発言したかを見るだけでは不十分である。むしろ、彼女が「うつわ」となって、何を受け取ったのかを見なければならない。

ある日、愛生園で、彼女は、車いすに乗った盲目の男性と何人かの人々が楽器を演奏しているのに遭遇する。園内には、盲目の「らい者」によって結成された、ハーモニカの演奏を中心に構成された「青い鳥楽団」があった。それを率いていたのが近藤宏一である。

ある日、近藤は不眠を訴えて診療室を訪れた。そこにいたのが神谷で、あなたはもしかして、ハーモニカ楽団をなさっている方ではありませんか、と彼女が尋ねた。これが二人の出会いである。以後、神谷は楽団の人々との親交を深めていく。

近藤宏一は一九二六年、大阪に生まれた。母親は、結婚するときすでにハンセン病を発症していたのだが、「あまりにも美しい人だったので」、父親は結婚し、宏一が生まれる。彼は九歳のときに発症し、十一歳で愛生園に入園する。「近藤宏一」は彼の本名ではない。「らい者」の多くは療養所に入れられると、素性を隠すために「園内名」を名乗る。「本名とは程遠い」ものである、と彼は書いている。奪われたのは、呼称ではない。自分の歴史と、自分に続く歴史である。

入園後、戦時中までは作業ができるほどの状態を維持していたが、戦後、園内の赤痢患者の介護をしたことがきっかけで赤痢に感染し、病状が悪化、さらに新薬の投与が好転につながらず、六年間高熱に悩まされ、病状が進行する。手指などの知覚も奪われた。下肢にも障害が出て、失明する。

当時、感染性の強い赤痢は、ほとんど「死病」に近かった。療養所では、赤痢を病んだ「らい者」を介護する責務もまた、「らい者」たちに負わされていた。このことは、「らい者」をめぐる当時の環境を伝える事実として、記憶しておかなければならない。

「らい者」は協同し、共助する。その結束と連帯が、神谷美恵子を動かし、『生きがいについて』を生んだ。その営みが、筆舌に尽くしがたい過酷な状況下で築き上げられてきたことを覚えておくのは、続く者の役目である。

明石海人《あかしかいじん》という歌人がいる。彼もまた「らい者」で、愛生園に暮らした。近藤は、偶然だがと前置きし、園内で明石が暮らした部屋で数年間生活した時期があると書いている。明石は、歌集『白描』の序にこう書いた。「深海に生きる魚族のように、自らが燃えなければ何処にも光はない」、この言葉は近藤宏一の護符となる。

ある日、近藤は友人から、院内で楽団を作りたいと思うが、その先頭に立ってくれないかと声をかけられる。視力や指を奪われた人々にとって、それは不可能への挑戦だったといってよい。近藤は、父親が療養所に送り出す際に、荷物にハーモニカを入れてくれていたことを思い出す。この小さな楽器が人生を変えた、と彼は書いている。

十二人が集まった。彼らに豊かな演奏経験があったのではない。各人が、それぞれのハンディキャップを抱えている。みなで演奏できる楽器は、ハーモニカしかなかった。「結局、体が楽器を選んだわけだ」と近藤は記す。話し合いを続けると、楽団をやるからにはドラムも必要だ、との声が出る。彼らは、炊事場にあった砂糖袋を張り付けドラムを作った。同じころ、近藤は点字講習会の知らせを受ける。

友人が新約聖書のヨハネ伝を朗読するのを耳にし、打たれ、彼が洗礼を受けたのは一九四八年である。しかし、視力を奪われ、指先の感覚を失った彼は、点字で聖書を読むことはできない。彼は当時を振り返り、「私は聖書をどうしても自分で読みたいと思った」と言い、こう続ける。

しかしハンセンで病んだ私の手は指先の感覚がなく、点字の細かい点を探り当てる事は到底無理な事であったから、知覚の残っている唇と、舌先で探り読むことを思いついた。これは群馬県の栗生楽泉園の病友が始めたことで、私にも出来るに違いないという一縷の望みがあったからである。

点字は六つの点から構成されていて、その一つ一つを星という。彼は唇と舌先で星を追う。それは「まるでコンクリートの壁をなでるような痛みに、唇が破れ紙面をしばしば血で染めた」と彼は書いている。

このとき、彼は楽団を始めていなければ、点字の習得を途中であきらめていたかもしれない。近藤は「舌読」ができるようになると、点字音符も習得し、点字を「打つ」だけでなく、点字を「読む」ことも覚えた。「青い鳥楽団」で演奏する楽譜は、近藤によって、「舌読」され、点字に打たれ、仲間たちひとりひとりに合ったかたちで伝えられた。

楽団の演奏と、近藤が独りで演奏するハーモニカ、それぞれの録音を聞いたことがある。それを耳にする者は、音もまた、ひとつの「言葉」であることを知るだろう。「音楽は神より与えられたもっともうるわしい言葉である」、楽団を結成して三年後に近藤が書いた小品、「楽団青い鳥のゆくえ」にある一節である。

近藤には、二冊著作がある。一冊目は「青い鳥楽団」結成のいきさつと活動を記した『ハーモニカの歌』（私家版）。もう一冊は、遺稿集『闇を光に　ハンセン病を生きて』（みすず書房）である。前著には神谷美恵子が序文を寄せている。前著は現在絶版だが、当時刊行されるとまもなく増刷し、ある数の読者を獲得した。

この本の最後に、近藤は小さな文字で後記を書いている。そこで、楽団史ともいうべきこの作品を私物化することを恐れ、本文中にはふれなかったが、楽団の結成から、本書の執筆までを通じて、献身的に尽くしてくれた妹と妻に感謝をささげる、と記している。妹と妻も同じ病を背負い、愛生園に暮らしていた。彼は二〇〇九年に亡くなった。

彼は秀逸な文章家だが、優れた詩も残している。その一つ、「点字」と題された作品の一節である。

読めるだろうか
読まねばならない
点字書を開き唇にそっとふれる姿をいつ
予想したであろうか……

ためらいとむさぼる心が渦をまき
体の中で激しい音を立てもだえる
点と点が結びついて線となり
線と線は面となり文字を浮かびだす

唇に血がにじみでる
舌先がしびれうずいてくる
試練とはこれか――

かなしみとはこれか――
だがためらいと感傷とは今こそ許されはしない
この文字、この言葉
この中に、はてしない可能性が大きく手を広げ
新しい僕らの明日を約束しているのだ
涙は
そこでこそぬぐわれるであろう

血をにじませながら、楽譜から音を拾い、聖書に言葉を見つける。その音は何を響かせ、聖書からはどんな言葉が現われたのだろう。神谷は『生きがいについて』に、近藤の言葉を引いている。そこには、感覚をめぐる私たちの常識を覆す言葉が記されている。

「或る者は唇にふれるハーモニカの感触によってドレミファの音階を頭に描き、或る者はグラフのような波形をえがき、或る者は色彩別に暗記して行くというのであった。私は人間の努力と能力の素晴しさを改めて発見した」。言葉と音だけでなく、色

もが一つに融け合い、この世界を超えたところに飛翔し、再び「音」として戻ってくる様子が、鮮明に伝わってくる。これは比喩ではない。「ぼくの覚えるドレミの波には色彩があるんだ。ドは赤、レは黄、ミは青という具合にね……」と話す、ある楽団員の言葉を近藤が伝えている。

「新しい僕らの明日を約束」するために「読む」、と近藤は言う。「僕ら」とは、愛生園の、あるいは日本、世界の「病友」だけを指すのではない。そこには、同じ病を背負いながら逝った無数の死者たちが連なっている。

先にふれた楽団の友人が逝った際、近藤は園内の通信に追悼文を寄せ、こう書いている。「「ご苦労様でした」と一人で声にしてみると、晴れ渡った晩秋の空の向うから、懐かしい彼のハーモニカの音が聞こえてくるではありませんか。寂しいのは私一人でしょうか」。空想を語っているのではないだろう。彼は独り、死者に向かって声を発し、死者はハーモニカでそれに応える。「寂しさ」は、死者が存在するがゆえに生まれる。亡くなった彼を知るほかの人々にも、彼を感じる「寂しさ」はあるのではないか、と問いかける。

二〇〇七年、「青い鳥楽団」の活動が評価され、ウェルズリー・ベイリー賞を受ける。スイスのジュネーヴで行われた授賞式のスピーチ原稿が残されている。その終わりに彼は、こう言った。

最近はハンセン病に対する理解も深まり、あちこちに講師として迎えられる事も増えてきました。今は一人きりでハーモニカを演奏します。しかし、私の後ろには確かにあの時、一緒に笑い、泣き、ケンカした多くの仲間が見守ってくれている気がします。

そして、今回、この様な素晴らしい賞を頂く事ができました。社会的に何一つ報われること無く亡くなっていった多くの仲間達、今なお園内の納骨堂で眠っている仲間達、彼らが初めて世界的に認められたのです。彼らも本当に喜んでくれていると思います。ハーモニカは私の人生を素晴らしいものにしてくれました。

この言葉を発せられたままに受け取る者には、近藤のうしろで、彼と同様、緊張ぎみで、「からだ」を少しこわばらせながら演奏する、多くの仲間たちの姿が感じられただろう。舌と唇で近藤が読む、死者たちは、その「朗読」もまた、神妙な面持ちで聞いていたに違いない。彼もそれを感じているから、舌から血が流れても、「読む」ことをやめなかったのだろう。むしろ、彼には、舌で点字を追うたび、言葉を耳元でささやく「仲間たち」の声が、はっきりと聞こえていたのかもしれない。死者と共に在り、共に苦しむ。神谷美恵子は、そうした人間の可能性を「らい者」に見たのである。

「生きがい」とは、旅路であるのかもしれない。それは永遠の次元における自己と他者との出会いであり、再び混迷深き現実に還ってくる道程を意味する。そこには時間を超えた「隣人」たちが集う。そうした経験は、神谷がいうように、人間を「同時代のひとだけでなく、過去のひと、そして未来のひととも結びつけ」るのである。

4

魂にふれる

魂にふれたことがある。錯覚だったのかもしれない。だが、そう思えないのは、ふれた私だけでなく、ふれられた相手もまた、何かを感じていたことがはっきりと分かったからである。二〇一〇年二月七日、十年の闘病のあと、妻が逝った。相手とは彼女のことである。

亡くなる二カ月ほど前のことだった。がんは進行し、腹水だけでなく、胸水もたまりはじめていた。数キロにおよぶ腹水は、身体を強く圧迫し、胸水は呼吸を困難にする。がん細胞は通常細胞から栄養を奪いながら成長する。彼女のからだはやせ細り、骨格が露出し、マッサージをすることすらできなくなっていた。薄い、破れそうな紙にさわるように、彼女の体に手をおき、撫でることができる残された場所をさがしていたとき、何かにふれた。

まるい何かであるように感じられた。まるい、とは円形ではない。柔らかな、しかし限りなく繊細な、肉体を包む何ものかである。魂は人間の内側にあるというのは、おそらく真実ではなく、それは一種の比喩に過ぎない。むしろ、魂がゆさぶられるという表現は、打ち消し難い実体験から生まれたのだと思われる。外界の出来事に最初に接触するのは、皮膚ではなく、魂なのではないだろうか。肉体が魂を守っているのでない。魂が肉体を包んでいる。

どれほどの時間がたったのか分からない。見つめあいながら、深い沈黙が続いて、「こういうこともあるんだね」と言葉を交わしたのを覚えている。彼女は少しおびえたようだったが、起こったことの真実をいっそう深く了解していたのは、おそらく、彼女の方だった。抱きしめる。何かを感じるのは抱きしめた方よりも、抱きしめられた方ではないか。魂にふれるときも、同じ現象が起こる。

彼女は内心の不安を口にすれば、私が困惑すると思い、沈黙していたのだろう。病者は、介護者が思うよりもずっと、介護者をはじめ自分を生かしてくれる縁ある人々を思っている。あのとき、私たちは彼女の最期が遠くないことを知らされたのだと思う。私の理性はそれを拒み、はっきりと自覚したのは彼女の没後だが、それでも、あのとき、私は打ち消すことができない経験に直面していることには気がついていた。

彼女は、肉体の終わりをはっきりと感じながら、同時にそれに決して侵されることのない「自分」を感じていた。その日以降、不安におののきながら、またあるときは落ち着きはらって、こんなことを言うと、きっとあなたは怒るだろうけれど、と前置きしながら、死ぬのは、まったく怖くない、彼女は一度ならずそう語った。

病む者に元気になってと声をかけることが、いかに残酷であるかは、病者の経験がある者はもちろん、病者と暮らした経験がある者に説明は不要だろう。それが生死を賭けなくてはならない病であるとき、状況はいっそうはっきりする。元気になりたいのは病者であり、その困難を知り抜いているのもまた、本人だからである。

余命を感じている病者は、いわば中間世界に生きている。現実世界にありながら、実在の世界にむかって歩き始めている。それは古代の哲学者たちが語った、真実の存在を感じる地平であり、詩人たちが言葉を受け取る場所である。聖者が日々往復する道である。病者から発せられる言葉がしばしば、常ならぬ叡知を感じさせるのはそのためだ。彼らは、病室にありながら、異界からの風を感じ、万物とつながろうと心を躍動させている。

「健康な」人間が、病者にむかって「元気になって」と言う。発言者は、励ましのつもりだろうが、病者にはそう聞こえない。元気になることが、関係を結び直す条件だと聞こえる。その言葉は、現実世界に戻ってくるには、「元気」になるほかないと、ほとんど暴力的に伝えているに過ぎない。それは、震災の被災者にむかって、感謝しているなら、その気持ちを金品で表わせというのと同じく冷酷な言葉である。

そうなると言葉がない、と言い返されるかもしれない。だが、見舞いに行って、どうして病者を励まさなくてはならないのだろう。どうして被災者を鼓舞するところから始めなくてはならないのだろう。ただ黙して、そばにいる、それだけで十分ではないのか。話さなくてはならないと思いこんでいるのは見舞う者で、病者ではない。励まさなくてはならないと思いこんでいるのは、自分を「支援者」だと誤認している者だけだ。

苦しむ者は、多く与える者である。支える者は、恩恵を受ける者である。決して逆ではない。持てる者が与え、困窮する者は受ける、それは表面上のことに過ぎない。

自分でベッドから立つこともできなくなった妻から受け取ったことに比べれば、私が妻にできたことは、実に取るに足りない。震災下でも同じことが起こっている。被災地の外に暮らす者が、自分に何が援助できるかを模索するだけではなく、自分たちが、被災者によって何を与えられているかを、真剣に考えなくてはならないところに私たちは立っている。

ふれるだけで十分である。ふれ得ないなら、ただ思うだけで、何の不足もない。病者は、差し出された手にどんな思いが流れているかを、敏感に感じ取る。病者は、まなざしにすら無音の言葉を読みとっている。同情、共感、あるいはそれを越えた随伴か。病者が望んでいるのは、理解でも共感でもない。それが不可能なことは、当人が一番よく分かっている。黙って横にいることは、厳しい忍耐を要し、ときに苦痛でもある。なぜなら、苦しむ病者を前に、あまりに非力な自分を痛感しなくてはならないからである。しかし病者は、その思いをもくみ取っている。

彼らが望んでいるのは、日々新しく協同の関係を結ぶことである。協同は、共感や理解を前提としない。だが、互いに全身をなげうって、存在の奥から何かを呼び覚まそうとする営みである。病者は、介護者の不安やおののきまでも、協同を築く土壌にしようとする。それは、大地が朽ちたものを糧に不断のよみがえりを続けるのに似ている。

妻は、自分のために生きようとしたのではない。周囲の者のため、とりわけ私のために苦痛に耐えようとしていた。死の前日まで彼女が心を砕いたのは、母と私の健康である。今から思えば、いつ亡くなってもおかしくなかった死の前日、彼女が懇願したのは、そばにいることではなく、私たちが家に帰って休むことだった。

彼女は自分の生涯のためであれば、一日も早い死の到来さえ望んだだろう。それほど彼女の苦しみは重かった。彼女は医学の通説では、長くても二、三週間しか耐えられないところを、およそ半年間にわたって生きた。

翌朝、病室に行くと、私に眠れたかと聞くので、よく眠れたと応えると、安心して微笑んだ。同じ質問を彼女にすると、ばつが悪そうに、あまり寝られなかったと言った。

彼女は、じっと暮れ行く窓辺を見ていた。声にならない声で酸素マスク越しに「疲れちゃった」と洩らす。水が飲みたい。どうしてこんなに体が熱いのだろうと言い、マスクを外し、水を飲み込んだ直後、彼女は逝った。

病院のベッドには、彼女の亡骸が横たわっている。友人の神父が来るまで、私は独りでいた。文字通り自分が崩れていくように感じられ、瓦解する音さえ聞こえるように思われた。人はよく、深い悲しみと書くが、悲しみに深さがあることを知ったのも、このときである。

彼女の死から半年ほど経過した晩夏のある日、自転車に乗って買い物に出かけた。かつては二人で走った道だと思うと、ペダルを踏む足から力が抜けていく。寂寞とは、こうしたときに現われる精神風景に違いない。それは寂しさを感じるのではなく、寂しさによって、ようやく生かされている感覚である。

私を追いこんだのは、ふたたび妻にまみえたいという願望である。私が願ったのは、病院のベッドで動かなくなった彼女が、元気な姿で私の前に現われ、共に食卓を囲み、自分たちの今と未来を語ることだった。それを強く望むことが、生きることと同義だった。望むのをやめれば、生きることをやめていただろう。人間の危機とは近しい者ばかりか、当人にも明瞭に認識され難いのかもしれない。

自転車を止めると、そのまま地面に沈んでいくように思われた。地面を這うように生きる、というのも単なる比喩ではなく、そう生きた者が、事実をありのままに活写した言葉に違いない。這うように生きている間は、その自分の姿に気がつかない。私たちは、立ち上がろうとして、地面から体が離れたとき、かつての自分の姿を知るのである。

刹那の出来事だった。私は自転車から降り、道路に茫然と立っている。時空は私を、妻が亡くなった病室に連れ戻し、その光景をまざまざと見せた。

亡骸を前に私は慟哭する。なぜ彼女を奪うのかと、天を糾弾する暴言を吐く。そのとき、心配することは何もない。私はここにいる、そう言って私を抱きしめてくれていたのは彼女だった。妻はひとときも離れずに傍らにいる。だが、亡骸から眼を離すことができずにいる私は、横にいる「彼女」に気がつかない。

それから数日して書いたのが、以下の詩のような言葉である。詩を書く技量も修練もないことは、自分が一番よく知っている。だが、私の言葉が詩の体裁を整えていないとしても、起こった出来事の証しにはなるだろう。死者の臨在が明示できればそれでよい。

コトバ、それは、
何かを呼ぶ道具ではなく、
混沌から、意味を伴い、事物を、想念すらも、
コトバが産むと、
哲学者は言った。

存在者を認識するのは、ココロ。
哲学者は、
ココロの深まりとともに、
世界は、姿を変じるという。

君は、病が与えた痛みと苦難を、
精一杯、引き受けて、
ある日、
笑みのかわりに、
みんなに希望を振りまいて、
逝った。

哲学者が正しいなら、
コトバは、
冥界から、
君を呼び出し、
ココロは、君がいる世界を
つかみとるだろう。

最大の艱難《かんなん》である、そのときに、

そばにいてほしいと願うひとは、
いない。

その人を喪うことが、
一番つらい出来事だから、
そう思っていた。

しかし、君がぼくを、独りにしたと思ったあのときも、
震えるぼくの傍らに、いてくれたのは、君だった。
ありがとう。
今は、それがはっきりとわかる。

当時、私は井筒俊彦論を書いていた。ここでの哲学者とは井筒俊彦である。それはのちに『井筒俊彦　叡知の哲学』（慶應義塾大学出版会）となって刊行された。その経緯は、その「あとがき」に書いたので、ここでは繰り返さない。ともあれ、この本を書きな

がら、妻を感じなかったことはない。

井筒にとって「コトバ」とは言語ではなく、究極的実在がこの世界に現われるときの姿である。それは、音であり、色、香り、律動でもあるだろう。「ココロ」とは、万物がそれぞれの本当の姿を知る働きである。死者は、私たちが発する「コトバ」を読む。それはときに涙であり、嘆きでもあるだろう。

もっとも苛烈な試練に遭遇したとき、そのとき、そばにいて欲しいと願う人はいない。なぜなら、その人を喪うことが、その試練にほかならないからである、そう思っていた。だが、現実は違う。死者は、悲しむ生者に寄り添っている。死者はいつも私たちの魂を見ている。私たちがそれを見失うときも、死者たちは、魂にまなざしを注ぎつづける。ときに死者は、私たち自身よりも私たちに近い。

死者は、ずっとあなたを思っている。あなたが良き人間だからではなく、ただ、あなたを思っている。私たちが彼らを忘れていたとしても、彼らは私たちを忘れない。死者は随伴者である。彼らは、私たちと共に苦しみ、嘆き、悲しみ、喜ぶ。生者を守護することは、死者の神聖なるつとめである。死者は感謝を求めない。ただ生き抜くことを望むだけだ。死者は、生者が死者のために生きることを望むのではなく、死者の力を用いてくれることを願っている。

死者を探してはならない。私たちが探すのは、自分が見たいと思う方角に過ぎない。おそらく、そこに死者はいない。ただ、語ることを止め、静かに佇んでみる。すると、あなたを思う不可視な「隣人」の存在に気がつくだろう。

死者を感じたいと願うなら、独りになることを避けてはならない。それは、私たちに訪れた沈黙という恩寵《おんちょう》である。死者はいたずらに孤独を癒すことはしない。孤独を通じてのみ知り得る人生の実相があることを、彼らは知っている。死者は、むしろ、その耐えがたい孤独を共に耐え抜こうとする。

誰も自分の悲しみを理解しない、そう思ったとき、あなたの傍らにいて、共に悲しみ、涙するのは死者である。私たちは信頼し得る生者を信用するように、死者の働きを信じてよい。死者にとって、生者の信頼は無上の供物となり、死者からの信頼は、生者には慰めと感じられる。

病床にある妻に、よく叱られた。こんなときに叱らずともよいとも思い、また、何を指摘されているか分からないことも少なくなかった。そうしたときに「ごめんなさい、でも……」と言い訳をしようとすると、彼女は本当に悲しい顔をした。

遠からず自分が去らねばならないことを見すえ、妻があえて厳しくなったことは、今では痛いほどに感じられる。死を感じることがなければ、彼女は、私の愚かな行為も笑って見過ごしただろう。叱る言葉から逃れようとする、それは抱きしめようとする手をはねのけるのに似ている。それは生者間だけでなく、死者との間でも変わらない。

妻を喪い、悲しみは今も癒えない。しかし、悲しいのは逝った方ではないだろうか。死者は、いつも生者の傍らにあって、自分のことで涙する姿を見なくてはならない。死者もまた、悲しみのうちに生者を感じている。悲愛とは、こうした二者の間に生まれる協同の営みである。

5

増補

火の言葉——歌人・吉野秀雄の境涯

歌によって自らのおもいを表現するのが歌人なのではなく、歌に用いられる者こそ、歌人と呼ぶにふさわしい。

人が歌を詠むのではない。歌が、あるいは歌が歌人の肉体を通じて世に顕われでようとするのである。吉野秀雄の一生を眺めていると、そうつぶやきたくなる。

歌人として世に吉野秀雄が認識されるきっかけは、一九四六（昭和二十一）年に刊行された雑誌『創元』創刊号に掲載された「短歌百餘章」（翌年に歌集『寒蟬集《かんせんしゅう》』に収められる）だった。この年吉野は四十四歳になった。

編集長は小林秀雄だった。この雑誌に小林は「母上の霊に捧ぐ」との献辞を付した「モオツァルト」を寄せ、吉野の歌、そして亡き盟友中原中也の詩を掲載した。「短歌百餘章」で吉野が詠んだのは、逝きつつある妻、逝った妻との交わりである。

彼は妻との最後の日々を詠んだだけではなかった。生ける死者となった妻の存在をありありと詠《うた》い上げた。

よろめきて崩れ落ちむとする我を支ふるものぞ汝《なれ》の霊《たま》なる

（『吉野秀雄全集』第一巻、以下同）

癒えがたい悲しみを胸に、よろめき、崩れ落ちそうになっているのは伴侶を喪った吉野である。しかしあるとき、その彼を支えるのは、不可視な存在となった妻であることがはっきりと感じられた、というのである。

妻はつが亡くなったのは一九四四（昭和十九）年である。四十二歳だった。彼女は前年から体調を崩していて療養をしていた。病状が急変してから亡くなるまでは、ひと月ほどしかなかった。

どれほど長く時間があっても別離の準備などできはしない。だが、それにしてもあまりに急な別れだった。

この不条理の波はそのまま歌に流れ込んでいる。百余りの歌のなかには亡くなったあと、自分は地獄に赴いても妻の姿を必ず探し出す、と詠うものもある。

よしゑやし捺落迦《ならか》の火中《ほなか》さぐるとも再び汝《なれ》に逢はざらめやは

「捺落迦」は奈落を意味する。黄泉の世界で、どんなに大きく火が燃え盛っていても、必ずや妻の姿を見つけ出すと歌人は言葉をつむぐのである。

亡き妻の手紙を携え、ともに旅をすることもあった。

亡き者の手紙身につけ伊豆の国狩野《かの》の川べの枯草に坐《を》り

妻が書いた手紙を身に付け、伊豆の狩野川のほとりの枯草に坐っている、という、文字の上では一人残された男の姿が描かれているだけの歌だが、男の実感はそれとは別種の生々《なまなま》しさがあった。彼にとってこの旅は、目には見えなくなった妻とのいわば同行二人の道程だったのである。

十代の終わり、歌に目覚めた当初、吉野は石川啄木の歌に魅せられ、二百首ほどを詠んだ。しかしのちにそれを打ち棄てている。彼が本格的に歌の道に入る契機となったのは正岡子規の歌集『竹乃里歌』との邂逅だった。

子規を知り、俳句の道に進んだ者は少なくない。しかし、彼の言葉によって歌道に足を踏み入れた者があったとしたら、その人物は、出発の時点ですでに異端者の道程にあるといってよい。

ただ、ここでの異端者は、道を外れた者であることを意味しない。それは正統なる異端者、すなわち歴史と深くつながりながら、時代の闇を打ち破る新しい道をもたらす者を指す。

『歌よみに与ふる書』で語られた子規の歌人批判は現代語訳するのもはばかられるほどすさまじい。同時代に生きた歌人の姿にふれ、子規はこう述べている。

歌よみの如く馬鹿な、のんきなものは、またと無之候。歌よみのいふ事を聞き候へば和歌ほど善き者は他になき由いつでも誇り申候へども、歌よみは歌より外の者は何も知らぬ故に、歌が一番善きやうに自惚《うぬぼれ》候次第に有之候。

「歌よみの如く馬鹿な、のんきなものは、またと無」いという一行をみるだけでも子規のおもいは明らかだろう。彼は同時代の歌人に歌の道を見失った者の末路を見ている。

現代の歌人のなかには、この言葉をそのままに受けて、子規を嫌う人もいる。だが、子規自身が「歌よみ」のひとりである事実を念頭におけば認識も変わるだろう。先の言葉は、子規自身の胸を衝《つ》いて出ているのである。

もちろん、子規の真意を理解した人も少なくなかった。吉野はもちろん、彼の師会津八一、あるいは斎藤茂吉、土屋文明など、のちに「アララギ派」と呼ばれる歌人たちは子規の発言を創造的にとらえ直し、子規の言葉に歌の新しい可能性を見た。

後継の歌人たちが重んじたのは「写生」の精神である。吉野もまた、「写生」という道があったから、自分でも歌を詠めると思ったと幾度も書いている。

子規がいう「写生」は、画家中村不折《ふせつ》との交わりのなかで育まれたとも伝えられる。絵画にはデッサンという工程があることを知り、それを俳句に応用したというのが定説だが、彼の言葉を読んでいるとそれだけでは収まらない何かを感じる。

それは確かに、セザンヌのような画家のデッサンにも通じるが、哲学者エトムント・フッサール（一八五九〜一九三八）が説く現象学の世界を想起させる。目に映る事象の奥にある「事象そのもの」にふれること、そこに哲学の本義があるとフッサールは考えた。

人は「事象そのもの」を言葉によって明示することはできない。しかし、ある歌人たちにとって「詠む」とは、語り得ないものをこそ現出させる挑みでもあった。

同質の態度は子規を通じて、吉野の中にも生きている。現象を詠うことで現象を超え、実在に肉迫しようとする態度がそこにある。「写生と伝統」と題する一文で吉野は、自身が考える「写生」にふれ、次のように述べている。

写生は事象をひとたび突き放す、ひとたび客観化する。かりにここに死別や失恋の悲嘆があるとすると、悲しみに巻き込まれてジタバタしてゐるだけでは歌にならない。ジタバタする自分をちやんと見据ゑてゐる自分があつて、はじめて表現にまで到達することができ、そこに歌よみの「救ひ」が成就する。

（『やはらかな心』）

ここで述べられていることが、冒頭で見た「短歌百餘章」で実践に移されたのだった。彼は妻を喪った悲しみを詠んだだけではない。彼が歌に託したのは死者が実在するという事実にいくばくかの姿を与えることだった。

「救い」というのも比喩ではない。吉野にとって歌は表現の場ではなく、文字通りの意味で「いのち」を賭して向き合う道にほかならなかった。

「わたしにとつて宗教的な感覚は、生活の一部である。この一事を除外した生活といふことは考へられない」（「私の二十代」『吉野秀雄全集』第五巻）と吉野はいう。

この一節だけからも、彼にとっての「写生」がほとんど宗教的といってよい営みだったことが分かる。問題は、いかに生きるかにあるのではなく、いかに生かされているかの発見にある、というのである。彼が歌によって世に表わそうとしたのも、自らがどう生きたかという生の軌跡ではなく、彼を生かしているはたらきだった。

「上州無智亦無才」と題する吉野の自伝的な一文がある。題名は、内村鑑三の「上州人」という次の漢詩から取られている。

上州無智亦無才
剛毅朴訥易被欺
唯以正直接萬人
至誠依神期勝利

上州〔人〕は無智また無才にして
剛毅朴訥にして欺かれ易し
唯正直を以て万人に接し
至誠神に依って勝利を期す

二人はともに上州、今の群馬の生まれである。そしてともに妻を喪っている。面識はない。故郷や悲しみの経験だけでなく、吉野は二人目の妻となった登美子を介しても、内村との関係を深めた。

登美子の亡夫で詩人の八木重吉はキリスト教詩人として知られるが、彼が最終的に信奉したのはカトリックでもプロテスタントでもなく、内村が説いた無教会だった。

八木重吉が今日のように読まれるに至るまではまったく一筋の道ではなかった。登美子はもちろん、吉野のはたらきも大きい。一九四七（昭和二十二）年、登美子と吉野が再婚するとき、結婚式を執り行ったのは内村の高弟鈴木俊郎だった。

先の漢詩を意訳すると、「上州人は、無智で格別な才能に恵まれているわけではない。剛毅な性格だが、語るのもうまくなく、人に欺かれることもある。しかし、正直な心をもって万人に接し、誠実の至りを神にささげ、自らの生の究極の意味が達せられることを願うのみである」となる。

「欺かれる」との一語には、世人の目から見れば、信仰にいのちを賭す自分の姿が、何かに欺かれているように映るのかもしれないが、それでいっこうにかまわないという思いも隠れているのかもしれない。

また、ここでの「勝利」は、他者に対するそれではない。神の道が世にはびこる不誠実に対して勝利することを指す。

この漢詩を受けて吉野は、内村が「至誠依神期勝利」と書いたところを、自分であれば「徹底写生入神を期す」と記すかもしれない、と書いている。写生の徹するところに神の訪れを待つ、というのである。

還暦近く、吉野は自らの生涯を振り返って「歌を作つて心慰みつつ生きる力をえてきた者」（「私の二十代」）だったと述べている。何ら大げさな表現ではない。歌人吉野秀雄の生涯を顧みることはそのまま、歌の秘義を確かめることになる。歌の秘義、それは生死の境を言葉によって架橋しようとする試みにほかならない。

先に見た「写生と伝統」で吉野は、歌を詠むとは世界を「再構成」することでもあったという。ここでの「再構成」は、新しく自分だけの、他者から隔絶《かくぜつ》した世界を造ることを意味しない。時代の空気や世の常識が覆い隠したものに再び光を当てようとすることを指す。

　きびしく突き放して客観化するいとなみのうちには、対象の引き写しどころか、ほんといふと、対象の再構成が行はれる。截然《せつぜん》と一個の世界を、しかもことばの抽象を通じて現示しようといふのに、再構成のないはずはない。

（「写生と伝統」）

どうしても「再構成」しなくてはならない理由が彼にはあった。「死後はどうなるか。わたしは戦争中、前の家内と死に別れた時、あの世がなくては一日も生きてゐられない、もしあの世がないなら自分で実在させなくてはならぬとまでおもひつめた経験がある」(「生のこと死のこと」『やはらかな心』)と吉野はいう。

逝こうとする妻は、死者のくにである彼岸などないのではないか、ここでの別れが、永遠の別れなのではないかと心を痛めていたのである。

死ぬ妹《いも》が無しとなげきし彼岸《かのきし》を我しぞ信ず汝とあがため

妻よ、お前がないといって嘆く彼方の世界を、私は信じる。お前との再会のために、と吉野は詠う。

歌の歴史は挽歌を淵源とする。挽歌とは死者を悼む歌であるだけでない。死者と生者がともにある世界をよみがえらせることにほかならなかった。

一八九四年に行われた「後世への最大遺物」と題する講演で内村は、人間が後世に遺し得るもっとも豊かなものは、金銭でも事業でも思想でもなく、「高尚なる勇ましい生涯」だと語った。改めて吉野秀雄の生涯を考えるとき、この一語が自ずと浮かび上がってくるのである。

死者の沈黙

苦しいなら苦しいと言えばよい。悲しいなら悲しいと誰かに語ればよい。そういうかもしれない。だが、現実はもう少し複雑だ。苦しみとは苦しいと言えなくなる状態のことであり、悲しみとは、容易に言葉にならない悲痛を胸に抱くことにほかならない。苦しみの底にあるとき人は、すでに言語が捉え得る場所にはいない。それは沈黙の境域だといってよい。

嘆きの声に人は耳を傾ける。しかし呻きの声にはなかなか気がつかない。人は誰かを前にして嘆くことはある。しかし、呻くとき人は、必ず独りだからである。

苦しむ人、悲しむ人に言うべきことがないのではない。その人たちが背負う苦しみや悲しみはすでに言葉という器に収まりきらない質量を伴うものになっているのである。

二〇二〇年十一月十六日、東京の渋谷区のバス停で、六十四歳のホームレスの女性が、男にペットボトルや石が入った袋で殴打されて亡くなった、というニュースが流れてきた。

殺害した男は、殺すつもりはなかった、こんなに大ごとになるとは思わなかったと語っているとされたことや、女性は、電源の入らない携帯電話やキャリーバッグと手提げカバンに入った衣類や食べ物を持っていたことなども報じられた。

あるメディアはその持ち物を「ゴミ」と表現した。

長くホームレス問題に実践的にかかわってきたNPO法人抱樸《ほうぼく》の代表を務める奥田知志牧師は、いち早くこうした報道のありかたに苦言を呈した。

「衣類と食品のゴミ」を持っていたと報道は伝えた。しかし、この報道は間違っている。記者の目には、あるいは担当した警察官には「食品のゴミ」としか映らなかった。しかし、それは間違いなく彼女の「食べ物」だった。「ゴミ」ではない。

(「電源の入らない携帯電話がつながる日はあるか〜渋谷・ホームレス女性殺害」『論座』二〇二〇年十一月二十三

日掲載）

カートや台車に多くの荷物を積みつつ、通りを歩く人の姿を見かける。ある人たちにとって、運ばれている物は「ゴミ」に見えるかもしれないが、歩く人にはまったく違う意味がある。それらはなくてはならない物、危機のとき自分を救ってくれた物なのである。

世界は人の数だけある。この単純な事実が忘れられつつある。同じものを見ても人はそこに異なる意味を見出している。物は用いられることによって、その人の人生と不可分の関係を持つ。

「物になる」という表現があるように「物」という言葉には物体には収まらない意味がある。物体は量的なものだが、「物」はいつも世にただ一つの、固有な何かとして存在する。通常、肉眼は物体を見るだけかもしれない。しかし、もう一つの「眼」はそこに持つ人の沈黙の歴史を観る。

仏教は「眼」は五つあると説く。肉眼、天眼、慧眼、法眼、仏眼。眼が開かれるたびに認識が深まる。生きるとは「眼」を真実の意味で開いていくことだというのだろう。

ある人にとって、電源が切れ、契約が失効した携帯電話は、役に立たない物体に過ぎない。だが、別な人の眼には、彼女が誰もいないところで独り、見えない人たちと交わした言葉がすべて記憶された「物」に映る。そこに彼女の言葉にならない祈りの刻印すら感じるという人もいるだろう。

東日本大震災が起こったとき「瓦礫《がれき》」という言葉が毎日のように世を飛びかった。だが、当事者にとってそれらはとうてい瓦礫という一語で表現できるようなものではなかった。そのなかには遺品もあったのである。

遺品は愛する者にとっては何にも代えがたい意味を持つ。見た目には区別がつかないようなものは売られていても、その遺品そのものはどこにも売っていない。再現することもできない。瓦礫と遺品、ここにあるのは言葉の違いではない。意味と経験の差異である。

言葉によって救われたという経験は誰にでもあるだろう。『新約聖書』に記されているように言葉はときに「いのちの水」になる。だが、そのいっぽうで、言葉は人間の尊厳を傷つける刃になる。先に引いた一節のあとに奥田氏は次のように言葉を継いだ。

誰が「ゴミ」を大事に持ち歩くか。彼女のいのちをつなぎとめるための「食べ物」だったのだ。「ゴミを食べざるを得ない人の気持ち」を想像したい。自分ならどうだろうか。

（同前）

「自分ならどうだろうか」という奥田氏の痛切な言葉の奥には、亡くなったのが自分の大切な人だったらどうだったろうか、という視座も潜んでいる。亡くなったのが自分の大切な人であっても、私たちはあの衣類と食べ物を「ゴミ」と呼ぶだろうか、と奥田氏は問うのである。

記者や警察の関係者は「ゴミ」にしか見えなかったというかもしれない。それならば、物の意味を断定するよりも先に、己れの眼の偏りを疑い、言葉の本質は、記号以上のものであることを思い出さねばならない。

さらに別なメディアでは、ここに再現することもはばかられるような、亡くなった彼女のからだに残った傷痕に関する、暴力的といってよい記事もあった。

からだに傷を持つ人はいる。もちろん、こころに容易に癒えない傷をかかえて生きている人も少なくない。そうした人たちがいることを知っていても、私たちはいたずらに傷をめぐって語ることをしない。すれば強く憤る。そうした中傷は、人間の尊厳を著しく損なうものであることを知っているからだ。

尊厳は生者のみに存在するのだろうか。

そうではないことを私たちは経験的に知っている。死者への暴言はときに、生者へのそれをはるかに上回る衝撃として受け止められる事実がそれを証明している。

死者のプライバシーという視座から考えてもよい。だがプライバシーという守られるべき秘密という考えも個の尊厳を基にして生じるのである。

尊厳は生者か死者かという状態に付帯するのではない。それは存在と不可分に実在する。ある人が存在すると同時に尊厳は誕生する。そして朽ちることがない。

生と死の異同によっても、尊厳は損なわれることはない。むしろ、死者は生者のときよりもいっそう強く尊厳をもって私たちの前に現われる。

イギリスの作家チャールズ・ディケンズは、しばしば死者を描き出す。彼が描き出す死者はしばしば生者への警告者となる。この作家のまなざしは、誰も見ていないところで亡くなった者たちにも注がれる。

死者の手は重くなり、放すとだらりと落ちるが、それはしかたがない。心臓の鼓動がやみ、脈がとだえるのもしかたがない。だが、よき死者の手は開かれた手、物惜しみせず、真心を持った手であり、心臓は勇ましく、温かく、優しい心を宿し、脈は人間らしい命そのものとなって脈打っていたのだ。死者を打ちたければ、打ってみるがよい！　そうすれば、死者がこれまでにしてきたよい行いが、その傷からあふれだして、この世界に永遠の命の種をまくのがわかるだろう！

（『クリスマス・キャロル』脇明子訳、岩波書店）

この作品でディケンズは、幾度となく死者の沈黙にふれる。より精確にいえば生者には沈黙にしか感じられない死者が語るコトバに言及する。

哲学者の井筒俊彦は、あるときから、言語である「言葉」と、言語の姿を超えた意味の顕われである「コトバ」とを使い分けた。言葉とコトバがあるのではない。言葉はコトバに包まれている。だが、人はときに世界を言葉的にしか認識しない。言葉で語り得るものこそが真実だと信じて疑わない。

現実は逆の真理を私たちに突きつける。沈黙というコトバがなければ言葉は存在し得ないことを私たちは全身で知っている。

苦しみ、悲しむ人がそうであるように、死者に語るべきことがないのではない。しかし、死者は言葉を語らない。言葉の奥に秘められたコトバを語り、コトバを受け止める。和歌の歴史が死者を悼む挽歌から始まっていることがそれを証《あか》ししている。だが、生者は死者の沈黙を十分に理解できない。それればかりか、それを尊ぶことを忘れる。

亡き者にまず、生者が捧げるべきは論《あげつら》いではなく、哀悼ではないのか。哀悼とは「哀しみ」のうちに「悼む」ことである。「いたむ」は「慟む」と書いても「いたむ」と読む。哀悼は慟哭と無縁ではない。また、「悼む」は「痛む」に連なる心情であることも文字の歴史が明示している。

弔辞と意味を同じくする悼詞《とうし》という一語がある。悼むとは「生ける死者」となった者への呼びかけであり、その無音の声を受け止めることでもある。死者を語るときは、弔辞を読むときのように、死者が現前で聞いている姿を思わねばならない。合理主義はこうしたことを空想だというかもしれない。だが、世に行われる真摯な弔いの営みは、それが事実を超えた真実であることを物語っている。

人は誰もが魂魄《こんぱく》を宿している。死後、「魄」は大地に戻るが、「魂」は死ののちも「いのち」を保ち続ける。古《いにしえ》の人たちはそう考えた。むしろ、そうした不滅なものを私たちは「いのち」と呼んできたのではないだろうか。

「いのち」を感じ直すとき、私たちに必要なのは言葉ではない。沈黙である。論いではなく、祈りである。

あとがき

本書を書きながら、片時も離れなかったのは、何者かに用いられている実感である。確かに文字を刻むのは私だが、言葉は自分の内心とは異なるところから生まれていることが、はっきりと感じられていた。だから、今となっては、ここに本当に何が記されているのか、私にも分からない。

本文にも述べたが、私は薬草を商って生活している。これまでもずいぶん、植物に助けられてきた。書くことも、私は植物に学んだことが、この本を通じ、はっきりと感じられた。植物が土から採取され、食されることによって、はじめて人を癒すように、書くとは、それまでの自分から離れてゆくことであり、作者はそのことを経て、はじめて他者に言葉を送ることができるのだろう。

書くとは、作品を作者から奪う行為だといってもよい。作者にとって恩寵の瞬間は、書いている、まさにそのときにある。そのときはすでに過ぎた。作品が生まれたのであれば、すでにその作者は存在しないとも言える。書き手とは、作品を自らの手から送り出す道程を経て、自分が何者であるかを知る者の謂《いい》である。
だが、本論に向き合いながら無数の光条を浴びたことだけは、今でも鮮明に覚えている。読むとは、作者すら知らない何かを発見する営みである。刊行されてしまうと私は、自著を読み返さない。読者によって、新しい光が見出されることを期待せずにはいられない。

本書の刊行にあたっては、実に多くの方々の協力を頂いた。なかでも執筆の機会だけでなく、本書への掲載を快諾して下さったみすず書房、朝日新聞出版の皆様に深く御礼を申し上げたい。
殊にトランスビューの中嶋廣氏は、編集者として優れた協同者だったが、私にとってはまず最初の、創造的読者だった。作品が書物になるには、書き手のほかに、それが生まれることを信じる人間を欠くことはできない。心からの感謝を送りたい。

二〇一一年十二月二十四日

若松英輔

増補新版　あとがき

本書に収められた「魂にふれる」で書いたのが、最初の詩だった。あれから九年ばかりの時が過ぎた。活字になるものとしては、最後の詩になると思って文字をつむいだのだったが、過ぎてみれば、そのあいだに五冊の詩集が生まれていた。

詩を書きたかったというより、書かねばならない、書かなければ自分が感じたことが嘘になるように思われ、何かにすがるように文字を綴《つづ》った。

あのときはひたすら、言葉のちからを借りて書いていた。今もそうなのだろうが、わずかばかりでも、言葉とともに仕事をする、という手応えがある。この本の表現でいえば、言葉と協同するとは何かが少し分かり始めたように感じている。

この本では、幾度となく悲しみとは何かを語っているが、当時の私は、「かなしみ」の文字に五つの異なる姿があることを知らなかった。

この本以前からそうであったに違いないのだが、ここに収められた言葉を刻むことがなければ、今も己れの貧しい力のみで何かを表現しようとしていたようにも思う。

悲しみ、哀しみ、美しみ、愛しみ、愁しみ、そして、これらのすべてを包み込むのが、ひらがなの「かなしみ」であることも、想像すらできなかった。

人は、一つの文字に出会うことによって、今日を生き抜くことができる。そして、その日を送ることができれば、異なる人生が開けてくる。そうした岐路の経験は、多くの人にあるだろうし、また誰にでも訪れる可能性がある。そのとき、人生の一語と呼ぶべきものを探すべきなのは、目に見えるどこかではなく、己れの内部なのかもしれない。

自らの内にあって、未だ言葉になっていない、うごめくおもいに姿を与えること、それが書くということにほかならない。書いてみなければ、何がそこに生まれてくるのかは、誰も知らない。ここに書く必然がある。書くとは、すでに己れのなかに宿っている、生の光源にふれようとする営みなのである。

光を求めて書く者の姿は、多くの場合、他者の目には単独者の行動に映る。だが、もう一つの眼を持つ慧眼《けいがん》の人は、そこに幾人かの「協同する不可視な隣人」の臨在を見逃すことはないだろう。

生者とは、死者に支えられ生ける者たちである。本書に、もし読むべきものがあるなら、それはすべて死者たちからやってきた。卑下しているのではない。それが文字通りの現実であることを、筆者がもっとも強く実感しているのである。

旧著の増補新版を出すのは、『不滅の哲学　池田晶子』に続いて二冊目になる。この仕事もいつもの仲間と行った。編集は内藤寛さん、校正校閲は牟田都子さん、装画は西淑さん、そして、デザインとレイアウトは、たけなみゆうこさん。

一新するという表現があるが、それは文字通り、原点に戻り、かつ新生するということなのだろう。そうした機会を、こうした信頼できる仲間と共に経験できるのは、じつに稀有なことである。心からの感謝と光栄の意をここに記したい。

また、原著をともに編んだのは中嶋廣さんだった。中嶋さんと出会うことがなければ、この本が生まれることはなかった。編集とは、見えない文字で言葉をつむぐことである。本書には、彼の大きなはたらきがあることを改めて書いておきたい。

九年前にこの本を書いていたとき、文字通りの危機にあった。そうした筆者を支えてくれた人たちにも、この場を借りて深謝したいと思う。

最後に、二〇一二年に原著を刊行し、販売を続けてくれ、増補新版の刊行に理解を示してくれたトランスビュー社の皆さんにも謝意を表します。

二〇二一年一月二十三日

若松英輔

【初出】

本書は、『魂にふれる　大震災と、生きている死者』（トランスビュー発行、二〇一二年）に「彼岸まで」「火の言葉」「死者の沈黙」「増補新版　あとがき」を加えてまとめたものです。

「彼岸まで」　書き下ろし

「火の言葉」　『ひとすじに真実を、ひとすじに命を：吉野秀雄・中野幸一郎往復書簡：歌人吉野秀雄没後50年記念：第98回企画展』群馬県立土屋文明記念文学館編、二〇一七年

「死者の沈黙」　「文学界」二〇二一年二月号

若松英輔（わかまつ・えいすけ）

一九六八年新潟県生まれ。批評家、随筆家、東京工業大学リベラルアーツ研究教育院教授。慶應義塾大学文学部仏文科卒業。二〇〇七年「越知保夫とその時代 求道の文学」にて第十四回三田文学新人賞評論部門当選、二〇一六年『叡知の詩学 小林秀雄と井筒俊彦』（慶應義塾大学出版会）にて第二回西脇順三郎学術賞受賞、二〇一八年『詩集 見えない涙』（亜紀書房）にて第三十三回詩歌文学館賞詩部門受賞、『小林秀雄 美しい花』（文藝春秋）にて第十六回角川財団学芸賞、第十六回蓮如賞受賞。
著書に『イエス伝』（中央公論新社）、『生きる哲学』（文春新書）、『霊性の哲学』（角川選書）、『悲しみの秘義』（ナナロク社、文春文庫）、『内村鑑三 悲しみの使徒』（岩波新書）、『種まく人』『詩集 たましいの世話』『常世の花 石牟礼道子』『本を読めなくなった人のための読書論』『弱さのちから』（以上、亜紀書房）、『学びのきほん 考える教室 大人のための哲学入門』『14歳の教室 どう読みどう生きるか』（以上、NHK出版）、『霧の彼方 須賀敦子』（集英社）など多数。

魂にふれる
大震災と、生きている死者［増補新版］

二〇二一年三月十二日 初版第一刷発行

著者 若松英輔

発行者 株式会社亜紀書房
郵便番号 一〇一-〇〇五一
東京都千代田区神田神保町一-三二
電話 〇三-五二八〇-〇二六一
振替 00100-9-144037
http://www.akishobo.com

装丁 たけなみゆうこ（コトモモ社）
装画 西淑
印刷・製本 株式会社トライ
http://www.try-sky.com

Printed in Japan

若松英輔の本

本を読めなくなった人のための読書論　一二〇〇円＋税

生きていくうえで、かけがえのないこと　一三〇〇円＋税

言葉の贈り物　一五〇〇円＋税

言葉の羅針盤　一五〇〇円＋税

種まく人　一五〇〇円＋税

常世の花　石牟礼道子　一五〇〇円＋税

いのちの巡礼者　教皇フランシスコの祈り　一三〇〇円＋税

詩集　見えない涙　詩歌文学館賞受賞　一八〇〇円＋税

詩集　幸福論　一八〇〇円＋税

詩集　燃える水滴　一八〇〇円＋税

詩集　愛について　一八〇〇円＋税

詩集　たましいの世話
一八〇〇円＋税

不滅の哲学　池田晶子
一七〇〇円＋税

弱さのちから
一三〇〇円＋税

読書のちから
一三〇〇円＋税